KB115003

기억력스포츠
완전정복

세계기억력스포츠대회 1등에 도전하라

기억력 스포츠

완전 김대인 지음 정복

MEMORY SPORTS

글로세움

기억력스포츠는
누구에게나 열려있다

기억력스포츠Memory Sports에 대해 들어본 적이 있으신가요? 아마도 대부분 생소하다는 반응을 보일 것이라고 생각합니다. 지금 여러분들도 기억력스포츠보다는 '기억력'에 관심이 있어서 책을 펼치신 분들이 대다수일 것입니다. 평소 주위 사람들에게 기억력스포츠에 대해 들어본 적이 있느냐고 물어보곤 합니다.

"기억력스포츠? 처음 듣는데? 글쎄, 누가 기억력이 좋은지 겨루는 스포츠인 것 같은데? 그런데 그걸 스포츠라고 할 수 있나?"

여러분은 어떠신가요? 아마도 상당수가 이와 비슷한 반응을 보일 것이라고 생각합니다. 처음에는 저도 역시 그랬으니까요.

그렇다면 마인드 팰리스Mind Palace 또는 기억의 궁전이라는 말은

들어보셨나요? 아마도 이것은 제법 많은 분들이 들어보지 않았을까 싶습니다. 기억력에 관심이 있거나 기억법에 대해 조금이라도 관심이 있는 분이라면, 가장 유명한 기억법인 마인드 팰리스(장소기억법, 여정기억법, 기억의 궁전, 로만룸, 기억방 등)에 대해 잘 알지는 못하더라도 한 번쯤 들어보았을 단어이니까요.

또한 기억법 관련 TV프로그램이나 해외드라마 〈멘탈리스트〉, 〈셜록〉 등과 같은 방송을 통해서도 자주 소개가 되었으니, 설사 기억법에 대해 관심이 없더라도 들어 보지 않았을까 싶습니다.

우리는 간혹 TV에서 놀라운 기억력을 가진 사람들을 봅니다. 원주율(π)을 수천 자리까지 외우는 사람, 즉석에서 카드 한 팩을 순서대로 암기하는 사람, 혼자서 많은 출연자들과 숫자 암기 대결을 하여 완승하는 사람 등 그들의 퍼포먼스를 보면서 감탄하고 부러워합니다. 하지만 그것을 자신이 할 수 있다고는 생각하지 않습니다. 마치 프로스포츠 중계나 서커스 공연을 보고 손뼉 치면서 감탄하지만, 나와는 거리가 먼 이야기이므로 시도 자체조차 하지 않는 것과 비슷합니다.

그렇다고 TV에 나온 사람들의 두뇌가 특별한 것은 아닙니다. 지금 이 책을 읽고 있는 여러분과 똑같습니다. 지레짐작으로 말하는 것이 아니라 최근 TV에 출연하여 기억력 시범을 보인 사람들과 친분이 있는 동료 선수로서 단언하는 것입니다.

그들도 우리와 똑같이 평범한 두뇌를 가진 사람들입니다. 따라서 우리도 할 수 있습니다. 믿어지지 않는다고요? 다시 한 번 말하지만 사실입니다. 제가 바로 그 증거입니다.

저는 대한민국의 평범한 직장인이며, 여느 사람들처럼 더 나은 미래를 준비하기 위해 자격증 공부를 하면서 어떻게 하면 시간이 부족한 직장인이 효율적으로 공부할 수 있을까를 고민해왔습니다. 그러다 2016년 5월 기억력스포츠에 대해 알게 되었고, 그로부터 채 1년도 되지 않아 기억법 책까지 집필하게 된 것입니다.

이 책에는 평범한 직장인이 기억력스포츠를 시작한 지 1년도 되지 않은 짧은 기간에 기억력스포츠 국가대표가 되어 국제대회에 참가하고, TV에 나오는 사람들과 같은 기억력을 가지게 되었는지에 대한 구체적인 방법이 제시되어 있습니다. 흔하디흔한 도전기나 정복기가 아니라 기억력스포츠에 대한 모든 것, 구체적이고 검증된 방법을 담았다는 점에서 기억력스포츠 입문서라고 할 수 있습니다.

이 책을 통해 저는 여러분들에게 먼저 기억력스포츠가 무엇인지에 대해 소개한 후 가장 유명하고 검증된 기억법인 마인드 팰리스(기억의 궁전)를 머릿속에 만들어 기억용량을 늘리도록 도울 것입니다. 그리고 현재까지 세계 기억력스포츠계에서 개발된 최신의 기법들을 익히고 실전에 적용할 수 있도록 이끌 것입니다.

기억력스포츠에서 배우는 기억법(스포츠기억법)은 일반적인 기억법(일반기억법)과는 다릅니다. 일반기억법이 태권도와 같은 정통 무예라면, 스포츠기억법은 이종격투기라고 할 수 있습니다. 일반기억법이 기억력을 향상시켜 학습 전반에 도움을 주기 위한 것이라면, 스포츠기억법은 제한 시간 내에 더 많이 더 빠르게 외우는 것을 목표로 하는 경쟁을 위한 기억법이므로 효율성과 효과성에 모든 초점이 맞춰져 있습니다.

일반기억법은 보통 자기계발과 학습을 위해 공부하는 자세로 배우기 때문에 익히기 지루할 수 있는 반면, 스포츠기억법은 서로 경쟁하며 즐기는 스포츠를 위한 기억법이므로 일반기억법보다 익히기가 더욱 쉽고 재밌습니다. 그리고 스포츠기억법을 잘하는 사람은 일반기억법도 자연히 잘하게 됩니다.

어떤가요? 한번 배워볼 만하다는 생각이 드시나요? 그럼 지금부터 기억력스포츠의 세계로 여러분을 초대합니다.

차례

1장 잠든 뇌를 깨워라
: 기억력 스포츠란 무엇인가

2장 마인드 팰리스 만들기
: 기억의 궁전이란 무엇인가

3장 기억력 강화 프로세스
: 기억시스템이란 무엇인가

4장 도전 대회 10종목
: 규칙과 전략 마스터하기

1장

잠든 뇌를
깨워라

: 기억력 스포츠란 무엇인가

기억력
스포츠란
무엇인가

기억력을 겨루는
두뇌 스포츠

기억력 스포츠Memory Sports는 글자 그대로 기억력을 10개의 종목을 통해 겨루는 두뇌 스포츠를 말합니다. 그리고 마인드 팰리스(기억의 궁전)는 기억력스포츠에 필수적인 핵심 장비입니다. 예컨대, 기억력 스포츠를 카레이싱에 비유할 경우 선수가 카레이서라면 마인드 팰리스는 경주용 자동차에 해당하는 것이지요.

기억력을 겨루는 게임이나 놀이는 다양한 방식으로 예전부터 있어왔습니다. 하지만 공식적이고 표준적인 규칙을 만들어 대회를 개최하고, 기록을 측정하여 랭킹을 매기며, 관련 통계를 축적하는 등 기억력스포츠라고 말할 수 있게 된 지는 얼마 되지 않았습니다.

오늘날의 기억력스포츠는 마인드 맵Mind Maps의 창시자인 토니 부잔Tony Buzan과 체스 그랜드 마스터Chess Grand Master인 레이먼드 킨 Raymond Keene OBE에 의해서 만들어졌습니다.

2015 세계기억력대회 전경 (출처: 세계기억력스포츠협회)

그리고 최초의 세계기억력대회World Memory Championships, WMC가 1991년 영국에서 개최되었고, 그 이듬해인 1992년을 제외하고 매년 개최되어 2016년 12월 싱가포르에서 제25회 세계기억력대회를 개최하기에 이르렀습니다.

기억력스포츠 강국으로는 유럽에서는 독일과 스웨덴이 있고, 아시아에서는 중국과 몽골이 두각을 나타내고 있습니다. 현재 세계기억력대회에는 우리나라를 포함 유럽, 북미, 아시아, 아프리카 등 약 30개국이 참가하고 있습니다.

기억력스포츠는 타고난 천재이거나 머리 좋고 학벌 좋은 사람들만 할 수 있는 경기가 아닙니다. 현재 세계 최상위권 선수(표1 참조)들뿐만 아니라 우리나라의 최상위권 선수들 중에서도 타고난 기억력 천재는 없습니다. 학벌 역시 저학력에서 고학력까지 다양하게 분포되어 있습니다. 타고난 머리가 아니라 다른 스포츠처럼 올바른 방법으로 열심히 연습하는 것만이 실력 향상의 유일한 길입니다.

또한 기억력스포츠는 여타 스포츠와 달리 남녀노소 누구나 도전

연도	개최국가	우승자	국적
1991	영국	Dominic O´Brien	영국
1993	영국	Dominic O´Brien	영국
1994	영국	Jonathan Hancock	영국
1995	영국	Dominic O´Brien	영국
1996	영국	Dominic O´Brien	영국
1997	영국	Dominic O´Brien	영국
1998	영국	Andi Bell	영국
1999	영국	Dominic O´Brien	영국
2000	영국	Dominic O´Brien	영국
2001	영국	Dominic O´Brien	영국
2002	영국	Andi Bell	영국
2003	말레이시아	Andi Bell	영국
2004	영국	Ben Pridmore	영국
2005	영국	Clemens Mayer	독일
2006	영국	Clemens Mayer	독일
2007	바레인	Ben Pridmore	영국
2008	바레인	Ben Pridmore	영국
2009	영국	Ben Pridmore	영국
2010	중국	Wang Feng	중국
2011	중국	Wang Feng	중국
2012	영국	Johannes Mallow	독일
2013	영국	Jonas von Essen	스웨덴
2014	중국	Jonas von Essen	스웨덴
2015	중국	Alex Mullen	미국
2016	싱가포르	Alex Mullen	미국

표1. 역대 세계기억력대회(WMC) 우승자 명단 (출처 : 세계기억력스포츠협회)

세계랭킹 1위 독일의 요하네스 말로우(사진 맨 앞)는 휠체어를 타고 경기에 임한다. 뒤쪽으로 세계기억력대회(2013)에 처음 등장한 태극기가 보인다. (출처 : 세계기억력스포츠협회)

할 수 있는 스포츠로 다섯 살 어린이도, 80세 노인도, 심지어 휠체어를 타는 장애인까지도 한자리에서 동시에 즐길 수 있습니다.

기억력스포츠는 바둑, 체스, 브리지와 같은 마인드 스포츠의 하나로 신체를 사용하는 스포츠와 달리 두뇌를 사용하기 때문에 창의력, 관찰력, 상상력, 집중력 그리고 특히 기억력 등을 향상시켜 학습에도 직접적인 도움을 받을 수 있습니다.

물론 대회에서 기억력을 사용하는 것은 상당한 에너지가 소모되므로 일류 선수들은 끊임없이 몸 관리도 병행합니다.

기억력스포츠 대회의
기록과 랭킹

기억력스포츠는 10개의 종목(4장 참조)으로 나누어 경기를 치르고 있으며, 각 종목마다 종목별 순위를 정하고, 또 합산하여 종합 순위를 정합니다.

세계기억력스포츠협회는 대회 수준과 규모에 따라 3가지 공식 기준을 정해놓았는데, 해당 대회가 채택하는 기준에 따라 10개 종목(표2)의 암기 시간memorization time이 달라집니다.

국가기준National Standard, 국제기준International Standard, WMC 기준 WMC Standard이 있으며, 각 대회 기준마다 종목별 암기 시간(외우는 시간)은 표3과 같습니다.

현재 세계 각지에서 많은 기억력대회가 개최되고 있는데, 세계기억력대회를 정점으로 해서 1년에 약 20~30회의 세계기억력스포츠협회가 인정하는 공식 대회가 개최되고 있습니다.

이름&얼굴	Names and Faces
이진수	Binary Numbers
무작위 숫자	Random Numbers
추상적 이미지	Abstract Images
스피드 숫자	Speed Numbers
역사/연도	Historic /Future Dates
플레잉 카드	Playing Cards
무작위 단어	Random Words
불러주는 숫자	Spoken Numbers
스피드 카드	Speed Cards

표2. 세계기억력대회 10종 정식종목

세계기억력스포츠협회의 공식 승인을 받은 대회만 기록이 인정되고, WMSC 세계 랭킹에도 정식으로 반영이 됩니다. 세계기억력대회의 경우 세계기억력스포츠협회가 직접 주최하는 가장 큰 대회로서 1년에 한 번씩 개최되며, 이 대회에서 일정 기준을 충족한 선수에게 국제기억력마스터International Master of Memory, IMM라는 자격을 수여합니다. 또한 세계기억력대회에서 세계 신기록을 세울 경우 별도의 검증절차 없이 기네스북에 바로 등재됩니다.

세계기억력대회는 1991년부터 시작되었으며, 현재 10개 종목을 통해 기억력을 겨루고 있습니다. 각 대회마다 채택하는 기준이 다르므로 대회에 참가할 때는 기준을 잘 보고, 이에 맞게 전략을 세워 준비해야 합니다.

세계 각지에서 각종 기억력스포츠대회가 개최되고 있는데, 국가기준보다 국제기준을, 국제기준보다 WMC 기준을 채택한 대회일

수록 대회 규모가 크고 참가자들의 수준이 높은 대회입니다. 참고로 세계기억력대회를 제외한 대부분의 대회는 국가기준을 채택하고 있습니다.

대회 기간은 세 가지 기준마다 조금씩 다릅니다. WMC 기준(표 3)을 적용하여 열리는 대회는 매년 1회 개최되는 세계기억력대회만 해당이 되며, 사흘에 걸쳐 치러집니다. 국제기준과 국가기준을 적용하는 대회는 보통 2일에 걸쳐 치러집니다. 간혹 국가기준을 적용하

종목 \ 기준	국가기준	국제기준	WMC 기준
이름 & 얼굴 Names & Faces	5분	15분	15분
이진수 Binary Numbers	5분	30분	30분
무작위 숫자 Random Numbers	15분	30분	60분
추상적 이미지 Abstract Images	15분	15분	15분
스피드 숫자 Speed Numbers	1차 : 5분 2차 : 5분	1차 : 5분 2차 : 5분	1차 : 5분 2차 : 5분
역사/연도 Historic/Future Dates	5분	5분	5분
플레잉 카드 Playing Cards	10분	30분	60분
무작위 단어 Random Words	5분	15분	15분
불러주는 숫자 Spoken Numbers	1차 : 100초 2차 : 세계기록+α	1차 : 100초 2차 : 300초 3차 : 세계기록+α	1차 : 200초 2차 : 300초 3차 : 세계기록+α
스피드 카드 Speed Cards	5분	5분	5분

표3. 세계기억력스포츠협회(WMSC) 대회 기준 (출처 : 세계기억력스포츠협회)

는 대회 중에는 하루에 모두 끝나는 경우도 있습니다. 그리고 대회에서는 나이를 기준으로 표5와 같이 4개의 그룹으로 나누어 시상합니다.

그룹을 나눈다고는 하지만 모든 그룹이 같은 문제(암기용지)로 경쟁하기 때문에 어린이 그룹이라고 해서 문제가 쉽고, 성인 그룹이라고 해서 문제가 어렵게 출제되는 것은 아닙니다.

단, 대회가 끝난 후 시상을 하고 순위를 정할 때 전체적으로 시상을 하고, 개별 그룹별로도 따로 시상을 합니다. 즉, 대회마다 통합 챔

날짜	시간	종 목	암기 시간	리콜 시간
12월 15일 (1일차)	08:30-09:30	이름 & 얼굴	15분	30분
	10:00-12:00	이진수	30분	60분
	14:30-17:30	무작위 숫자	60분	120분
12월 16일 (2일차)	08:00-09:00	추상적 이미지	15분	30분
	09:30-10:00	스피드 숫자 (1차)	5분	15분
	10:30-11:00	스피드 숫자 (2차)	5분	15분
	11:30-12:00	역사/연도	5분	15분
	14:30-17:30	플레잉 카드	60분	120분
12월 17일 (3일차)	08:00-09:00	무작위 단어	15분	40분
	09:30-09:45	불러주는 숫자 (1차)	200초	10분
	10:15-10:45	불러주는 숫자 (2차)	300초	15분
	11:15-12:00	불러주는 숫자 (3차)	520초	25분
	13:30-14:00	스피드 카드 (1차)	5분	5분
	14:30-15:00	스피드 카드 (2차)	5분	5분

표4. 2016년 세계기억력대회(WMC 2016) 일정표 (출처 : 세계기억력스포츠협회)

그룹명	나이
어린이 Kids	12세 이하
주니어 Juniors	13~17세
성인 Adults	18~59세
시니어 Seniors	60세 이상

표5. 나이별 그룹 분류표 (출처 : 세계기억력스포츠협회)

피언이 있고, 또 그룹별 챔피언이 있는 것이지요. 참고로 나이는 태어난 달(月)과 상관없이 태어난 연도를 기준으로 정합니다.

그리고 외국인 참가자들도 참여할 수 있는 오픈대회의 경우 내국인과 외국인 참가자를 포함한 전체 참가자를 대상으로 시상을 한 후, 내국인만 따로 시상하기도 합니다. 예컨대, 한국국제기억력대회 Korea Open Memory Championships 2017의 경우 대회 통합 1위를 시상하고, 별

홍콩국제기억력대회 시니어 그룹의 메달리스트

도로 한국인 1위를 시상합니다.

따라서 좋은 성적을 낸 선수들은 상당히 많은 메달을 받습니다. 대회 통합 메달, 그룹별 메달, 10개 종목별 메달, 내국인 대상 메달 등 대회가 끝난 후 참가 선수들끼리 한데 어울려 기념사진 촬영을 하는데, 좋은 성적을 낸 선수는 목에 주렁주렁 메달을 걸고 있어 상당히 많은 사진촬영 요청을 받습니다.

우리나라에서는 2017년 2월 18일과 19일 이틀에 걸쳐 서울에서 제1회 한국국제기억력대회Korea Open Memory Championships가 개최되었습니다.(국가 기준 적용)

기억력스포츠대회에서 입상하면
상금을 받나요?

기억력스포츠대회에 참가하여 좋은 성적을 거두어 입상하면 상금을 받습니다. 아직까지는 기억력스포츠가 대중화되지 못했기 때문에 상금이 크지는 않습니다만, 시간이 갈수록 대회가 많아지고 상금이 올라가는 추세이므로 언젠가는 상금만으로 생계를 유지하는 프로 선수도 나올 것이라고 생각합니다.

2016년 12월 싱가포르에서 개최된 세계기억력대회의 상금은 표6과 같습니다.

이외에도 세계 신기록을 작성하거나 국제기억력마스터(IMM) 기준을 충족하면 별도의 상금을 받습니다.

참고로 우리나라에서 최초로 열렸던 기억력스포츠대회인 제1회 한국국제기억력대회(2017년 2월, 서울)의 상금은 표7과 같습니다.

한국대회의 경우 주니어부와 성인부를 더욱 세분화시켰는데, 이처럼 개최국의 사정에 맞게 융통성을 발휘하여 시상할 수도 있습니다.

종류(그룹)	순위	상금(S$)	부 상
대회 통합	챔피언	23,000	트로피 인증서
	2위	17,000	
	3위	11,000	
	4위	4800	
	5위	3400	
	6위	1600	
어린이부 Kids	챔피언	800	트로피 인증서
	2위	400	
	3위	200	
주니어부 Junior	챔피언	800	트로피 인증서
	2위	400	
	3위	200	
성인부 Adults	챔피언	800	트로피 인증서
	2위	400	
	3위	200	
시니어부 Seniors	챔피언	800	트로피 인증서
	2위	400	
	3위	200	
10개 종목	챔피언	150	트로피 인증서
	2위	100	
	3위	80	

표6. 2016년 세계기억력대회 상금 (출처 : 세계기억력스포츠협회)

종류(그룹)	순위	상금(원) (전체참가자 대상)	상금(원) (한국인 대상)	부상
대회 통합	챔피언	5,000,000	2,000,000	트로피 인증서
	2위	3,000,000	1,000,000	
	3위	1,000,000	500,000	
	4위	500,000	100,000	
	5위	300,000	50,000	
어린이 (12세 이하)	챔피언	1,000,000	500,000	메달 인증서
	2위	500,000	300,000	
	3위	300,000	100,000	
주니어/중등 (13~15세)	챔피언	1,000,000	500,000	메달 인증서
	2위	500,000	300,000	
	3위	300,000	100,000	
주니어/고등 (16~18세)	챔피언	1,000,000	500,000	메달 인증서
	2위	500,000	300,000	
	3위	300,000	100,000	
성인/청년 (19~39세)	챔피언	1,000,000	500,000	메달 인증서
	2위	500,000	300,000	
	3위	300,000	100,000	
성인/중년 (40~59세)	챔피언	1,000,000	500,000	메달 인증서
	2위	500,000	300,000	
	3위	300,000	100,000	
시니어 (60세 이상)	챔피언	1,000,000	500,000	메달 인증서
	2위	500,000	300,000	
	3위	300,000	100,000	

표7. 2017년 제1회 한국국제기억력대회 상금 (출처 : 한국기억력스포츠협회)

외국에서 열리는 대회에
참가해도 되나요?

현재 세계기억력스포츠협회(WMSC) 공식 대회의 대부분은 오픈 대회이므로 외국에서 열리는 대회라도 얼마든지 참가할 수 있습니다. 그리고 가능하면 많은 대회에 참여할 것을 권합니다. 대회에 참가할 경우 준비를 하고 실전을 치르는 과정 자체로 실력이 향상될 뿐만 아니라, 우리나라에서는 좀처럼 얻기 힘든 여러 가지 새로운 경험을 할 수 있어 삶을 살아가는 데도 큰 도움이 됩니다.

저는 2016년 8월 국가대표로 홍콩국제기억력대회에 참가했습니다. 아직

2016 홍콩국제기억력대회 대한민국 선수단

우리나라에서는 기억력스포츠가 대중화되지 않았을 뿐만 아니라 대한체육회 정식 종목도 아니므로 선수층이 얇아서 국가대표라고 말하기 쑥스러운 부분이 많지만, 대회에 참가하면서 국가대표로 올림픽에 참가하는 선수들의 심정을 조금이나마 느낄 수 있었습니다.

우리 선수단은 대회 전날에 도착하여 대회장에서 걸어서 5분 거리의 호텔에 짐을 풀고, 일본 선수단과 함께 저녁식사를 했습니다. 식사를 하고 대화를 나누며 한국 선수들끼리 더욱 친하게 되었고, 한일 선수단 간 친목을 도모하는 계기가 되었습니다. 특히 기억력스포츠라는 공통 주제로 대화하다보니 더욱 깊게 서로를 이해를 할 수 있었습니다.

대회가 끝난 후에는 각국 선수들이 한데 어울려 기념사진을 찍고, 서로의 기억 시스템에 대해 공유하고, 정보를 교환하며, 연락처를 주고받았습니다. 이때는 놀랄 정도로 친밀하게 말을 걸고 어깨동무를 하고 사진을 찍는데, 아마도 이틀 동안 10개의 종목을 치르면서 동질감이 생겼고, 기억력스포츠 선수라는 공통분모가 있었기에 가능한 일이라고 생각합니다.

2016 홍콩국제기억력대회 공식 만찬에 참가한 각국의 주니어 대표 선수들

예전에 올림픽 폐회식 방송에서 각국의 선수들이 어울려 즐기는 것을 보고 참 부러워했는데, 똑같지는 않겠지만 그러한 느낌을 어느 정도 직접 체험해볼 수 있는 시간이었습니다.

특히 메달을 딴 사람들은 각국의 선수들로부터 엄청난 사진촬영 요청을 받는데, 당시 저도 한류 열풍 때문인지는 몰라도 대한민국 국가대표 유니폼을 입고 있어서 상당한 사진촬영 요청을 받았습니다.

시상식이 끝나면 마지막으로 주최 측이 준비한 공식 만찬이 있는데, 여기서도 각국 선수들끼리 많은 교류를 하며 우정을 다집니다.

해외에서 열리는 대회에 참여하는 것은 준비 과정을 통해 실력이 향상되고 귀중한 실전 경험을 쌓을 수 있을 뿐만 아니라, 개인적인 차원에서도(단순한 해외 관광과 달리) 직접적인 인적 교류를 통해 다양한 시각을 직접 체험할 수 있습니다.

당시에 같이 갔던 고교생(주니어 대표)의 경우 한국에 돌아와서도 한동안 홍콩 이야기를 하면서 너무나 즐거운 여행이었고, 학교생활에도 매우 긍정

2016 홍콩국제기억력대회 참가 선수 기념 서명

적인 영향을 끼쳤다고 말했습니다.

때문에 저는 한국에서 열리는 대회는 물론 가능하면 해외에서 열리는 대회에도 참여하기를 권합니다. 특히 기억력스포츠대회는 중국, 일본, 홍콩, 대만, 싱가포르 등 인접 국가에서 자주 열리므로 시간이 맞으면 한번 참가해보기를 권합니다.

우리나라
기억력스포츠의 역사

대한민국 기억력스포츠의 역사에 대해 이야기하기에 앞서 먼저 저의 스승님을 소개하겠습니다. 우리나라에 기억력스포츠를 도입하고 보급하신 분인 스승님을 빼고 한국 기억력스포츠의 역사를 논할 수 없기 때문입니다.

저는 한국 기억력스포츠의 대부(代父) 권순문 선생님으로부터 스포츠기억법(대회기억법)에 대해 가르침을 받았습니다. 선생님은 기억법(학습기억법)에 대해 약 30여 년을 연구해오셨고, 기억력스포츠(스포츠기억법)에 대해서는 약 10여 년 전부터 국내에 소개하고 보급해온 한국 기억력스포츠의 선구자입니다.

한국 기억력스포츠인들 중 권순문 선생님의 영향을 직간접적으로 받지 않은 사람은 단 한 명도 없다고 해도 과언이 아닙니다. 실제로 우리나라에 알려진 거의 모든 기억 시스템은 권순문 선생님이 직접 창안하거나 해외에서 도입한 것입니다. 기억력스포츠 한국 랭킹 1위(2017년 10월 기준)이며, 대한민국 최초의 세계기억력스포츠협회 공인 국제기억력마스터입니다.

한국인으로서는 최초로 세계기억력대회에 참가했고, 한국기억력 스포츠협회(비법인)를 설립하여 기억력스포츠를 보급했으며, 국가대 표 상비군을 조직하여 총감독하면서 선수들을 지도하였습니다. 저 역시 국가대표 상비군에 소속되어 지도를 받았습니다.

이렇게 권순문 선생님의 개인적인 역량으로 기억력스포츠가 대 중에게 조금씩 알려지고 있었지만, 여전히 다른 비인기 스포츠 종목 과 마찬가지로 스포츠 동호회 수준에서 크게 벗어나지 못하고 있었 습니다.

그러던 중 한국 랭킹 3위이자 2015년 세계기억력대회에서 권순 문 선생님과 함께 국제기억력마스터 타이틀을 취득한 정계원 선수

기억력스포츠 한국랭킹 1위 권순문 선생님

의 주도로 2016년 7월, 사단법인 한국기억력스포츠협회(협회장 최재봉)가 창립되었습니다. 그러면서 비인기 스포츠 동호회 수준이었던 한국 기억력스포츠가 조직적이고 체계적으로 정립되기 시작했고, 지금은 대중화 단계의 초입에 들어섰습니다.

현재 한국 기억력스포츠는 아직 대중적으로 널리 알려지지 못해 선수층이 부족하여 세계대회에서 이렇다 할 가시적인 성과는 내지 못한 상태입니다.(현재까지 세계 랭킹 100위권 이내에 우리나라 선수가 없습니다. 이 책을 읽는 여러분들이 한번 도전해보시기 바랍니다.)

하지만 사단법인 한국기억력스포츠협회에서 기억력대회를 개최하고 방과 후 학교에 진출하는 등 대중화를 위해 많은 노력을 하고 있습니다.

또한 정계원 선수를 비롯한 여러 선수들(조주상, 조신영, 고혜정 등)이 활발하게 방송 활동을 하면서 기억력스포츠를 알리고 있으므로 기억력스포츠의 향후 전망은 대단히 밝다고 생각합니다.

세계기억력스포츠협회와 국제기억력연맹

1990년대 초반에 창립된 이후로 세계기억력스포츠협회(WMSC)는 기억력스포츠를 스포츠로서 정립시키고 대중화시키는 데 절대적인 공헌을 하였습니다.

WMSC는 세계기억력대회를 비롯하여 세계 각지에서 열리는 대회를 공인하고 대회 결과를 승인하며, 심판을 교육 및 임명하고, 기록을 측정하여 랭킹을 매기고, 종목 규칙을 정하고, 대회 기준을 유지 및 정비하며 선수 윤리를 세우는 등 쉽게 말해 기억력스포츠의 중앙정부와 같은 역할을 하였습니다.

초창기 세계기억력스포츠협회는 창립자인 토니 부잔과 레이먼드 킨 등 소수 인사에 의해 주도가 되었습니다. 당시에는 창립자가 스폰서를 유치하는 등 세계기억력대회를 개최하는데 큰 역할을 했으며, 미디어의 관심을 끌기 위해 대중에게 알려진 스타가 전면에 나서는 것이 필요했으므로 크게 문제가 되지 않았습니다.

기억력스포츠의 창시자 토니 부잔과 레이먼드 킨 (출처 : 세계기억력스포츠협회)

하지만 사반세기가 지난 지금에도 여전히 창립자가 회장직을 유지하고 있는 오늘날의 WMSC는 세계 기억력스포츠인들 사이에서 많은 비판을 받고 있습니다. 국제축구연맹(FIFA)처럼 다른 스포츠 국제협회는 집행부가 선거로 선출되는데 비해, WMSC의 경우 선거로 구성되지 않아 민주적 정당성이 부족하며, 집행부가 비민주적이고 독단적인 의사결정을 한다는 점, 그리고 기억력스포츠를 스포츠가 아닌 비즈니스로 생각하여 지나치게 이윤을 추구한다는 점이 바로 그것입니다.

이러한 WMSC에 반발하여 '비즈니스가 아닌 스포츠를 추구하는 민주적인 조직'을 표방하며 2016년 6월 새로 조직된 국제기구가 바로 국제기억력연맹International Association of Memory, IAM입니다.

비록 상당히 많은 선수들이 동조하여 야심차게 시작했지만, 여전히 WMSC의 영향력이 지대한 국제 기억력스포츠계에서 하나의 대안으로 자리를 잡을 수 있을지는 향후 IAM의 활동에 달려 있다고 할 것입니다.

사실 스포츠계에서의 파벌 다툼에 관한 뉴스는 어제 오늘의 일이 아니며 대중은 대부분 비판적 시각으로 바라보고 있습니다. 더구나 다른 스포츠에 비해 시작 단계인 기억력스포츠계에서 벌써부터 분열이 일어나는 모습은 썩 좋아 보이지는 않습니다. 하지만 좋게 보면 이러한 갈등을 봉합하는 과정에서 기억력스포츠가 더 나은 방향으로 나아갈 수도 있다고 생각합니다.

이제 막 기억력스포츠를 시작하는 분들은 이러한 것에 크게 신경 쓸 필요가 없습니다. 기억력스포츠를 통해 두뇌를 활성화시키고, 기억력을 갈고 닦아 대회에 참여하여 본인의 기량을 펼쳐보고, 나아가 기억력스포츠를 통해 배운 것들을 실제 학습이나 실생활에 적용시켜 실생활에서도 많은 도움을 준다는 것을 체험하게 되기를 바랍니다.

기억력 천재를 만드는
기억력스포츠

기억력 스포츠는 누구나 쉽게 배울 수 있고 즐길 수 있는 스포츠입니다. 타고난 천재이건 평범한 사람이건, 나이가 많건 적건, 장애가 있건 없건, 누구나 한 자리에서 즐길 수 있는 두뇌 스포츠입니다. 그러면 기억력스포츠를 배우면 어떤 효과를 볼 수 있을까요?

기억력의 프로가 된다

일단 명칭에 기억력이 있으니 기억력 향상은 두말할 나위가 없을 것입니다. 기억력스포츠는 마인드 팰리스를 활용하여 사람의 두뇌 능력 중 기억력을 직접적으로 겨루는 스포츠입니다. 따라서 다른 어떠한 수단보다 기억력을 증진시키는 데 탁월한 효과가 있습니다.

이 말은 기억력스포츠를 배우면 단순히 기억력이 좋아지는 수준이 아니라 기억력을 증진시키는 데 가장 탁월한 수단이라는 뜻입니다. 글자 그대로 기억력스포츠 선수는 기억력의 프로인 것이지요.

사실 기억력스포츠가 기억력에 효과가 있다는 말은 사과나무에서 사과가 열린다는 말처럼 너무나 당연합니다. 기억력 증진은 기억력스포츠만의 독보적인 장점이라 할 수 있습니다. 그렇다면 기억력을 제외하고는 어떤 효과가 있을까요?

관찰과 상상을 통한 창의력 끝판왕

21세기 들어 교육에서 가장 중시되고 있는 능력은 무엇일까요? 바로 창의력입니다. 교육의 목표가 창의적 인재를 양성하는 것이 되어버릴 정도로 창의력 키우기는 오늘날 우리나라 교육 현장에서 가장 역점을 두고 있는 부분입니다. 오죽하면 우리나라의 교육기본법에 유일하게 나오는 학습능력이 바로 창의력이라는 단어입니다.

교육기본법 제9조(학교교육) ③학교교육은 학생의 창의력 계발 및 인성(人性) 함양을 포함한 전인적(全人的) 교육을 중시하여 이루어져야 한다.

그렇다면 창의력은 무엇일까요? 창의력은 새로운 것을 생각해내거나 기존에 존재하는 것을 조합하여 새로운 지식이나 개념을 만들

수 있는 능력을 말합니다.

지식의 양이 폭발적으로 늘어나고 있는 오늘날 완전히 새로운 것을 생각해내는 것은 매우 드물고 힘듭니다. 그래서 대부분의 창의적인 생각은 기존에 존재하는 것을 종횡으로 엮어서 새로운 것을 만들어 내는 것입니다.

셀 수 없이 관찰하고 상상한다

그렇다면 창의력 발달을 위해 가장 필수적인 능력은 무엇일까요? 그것은 관찰력과 상상력입니다. 기존에 존재하는 것을 잘 관찰하고, 상상력을 발휘하여 조합하여야 새로운 것을 만들어낼 수 있습니다. 그리고 기억력스포츠는 관찰력과 상상력을 길러줌으로써 창의력을 신장시킬 수 있습니다.

나중에 다시 자세히 언급하겠지만, 특정 대상을 마인드 팰리스에 저장할 때는 서랍을 열고, 물건을 넣고, 다시 서랍을 닫는 것처럼 단순하게 저장하는 것이 아닙니다.

기억하고자 하는 대상과 그 대상을 저장하고자 하는 마인드 팰리스(기억저장소)를 모두 잘 관찰하고 특징을 파악하여 그 특징을 잘 활용하여 결합(저장)하는 것입니다.

특징을 파악할 때 필요한 것이 관찰력이고, 그 특징을 활용하여 결합(저장)할 때 필요한 것이 상상력입니다. 마인드 팰리스에 저장하는 행위 자체가 두 가지 이상의 사물을 관찰하고 상상력을 발휘하여 조합하는 행위인 것입니다.

막연하게 창의력을 말하는 것이 아닌 관찰력과 상상력을 길러줌으로써 창의력을 향상시킨다는 구체적인 로드맵을 제시한다는 측면에서, 기억력스포츠는 창의력 향상에 매우 탁월한 효과를 가지고 있습니다.

기억력스포츠를 하면 이러한 관찰과 상상의 작업을 셀 수 없을 정도로 많이 합니다.

집중력을 향상시킨다

기억력스포츠는 집중력을 향상시킵니다. 기억력스포츠는 관찰하고 상상하여 기억하는 행위를 주어진 시간 안에 얼마나 많이 그리고 얼마나 빠르게 하는지를 경쟁하는 경기이므로 집중하지 않으면 경쟁에서 이길 수 없습니다.

근거 있는 자신감

기억력스포츠는 또한 자신감을 키워줍니다. 자신감은 외부적 환경요인을 제외한다면 지적 능력(지력)과 신체적 능력(체력)에 크게 좌우됩니다. 즉, 남들에 비해 신체적 조건이나 능력이 뛰어나거나 지적 능력이 높은 사람일수록 자신감이 클 확률이 높습니다.

기억력은 인간의 지적 능력에서 대단히 큰 비중을 차지하고 있습니다. 기억력스포츠를 하다보면 분명히 스스로의 기억력이 향상되고 있다고 자각하기 때문에 어떠한 공부를 하든 또는 어떠한 업무를 맡든지 간에 자신감을 가지고 할 수 있게 합니다.

학습과 직결되는 경쟁심

기억력스포츠는 학습에서의 경쟁심을 길러줍니다. 기억력스포츠는 두뇌 스포츠이지만 바둑, 체스, 브리지와 같은 종목보다 훨씬 더 학습과 직접적인 관련이 있는 스포츠입니다.

기억력스포츠를 하면서 생기는 건전한 경쟁심은 바로 학습과 직결됩니다. 상식적으로 생각해도 기억력이 좋은 사람이 학습 능력이 좋을 수밖에 없습니다.

기억력은 어떠한 종류의 학습이든 상관없이 모든 학습에서 대단히 큰 비중을 차지합니다. 특히 암기가 필수인 각종 시험에서는 절대적으로 중요합니다. 기억력스포츠는 바로 이러한 학습능력을 직접적으로 향상해줍니다.

기억력스포츠에서 적용하게 되는 마인드 팰리스(기억의 궁전)는 기억력스포츠뿐만 아니라 실생활에서도 사용할 수 있으며, 나아가 학습할 때 직접 도움이 됩니다. 즉, 기억력스포츠에서 사용하는 마인드 팰리스를 실제 학습에도 그대로 사용할 수 있습니다.

상식적으로 볼 때 100개의 단어를 10분 만에 외우는 사람과 1시간이 걸려 외우는 사람 중에(어떤 종류의 학습을 하든지 상관없이) 같은 시간을 투자할 경우 누가 더 많이 기억할 수 있을까요?

유연하고 자유로운 사고

　　　　　　　　　　　끝으로 머릿속으로 마인드
팰리스를 자유롭게 운용하는 과정을 통해 유연하게 사고하는 법을
배울 수 있습니다.

　마인드 팰리스는 현실 속에 실재하는 궁전이 아니라 머릿속에
구축된 가상의 궁전입니다. 마인드 팰리스는 사용자가 공간의 제약
없이 자유롭게 만들 수 있으며, 저장하고 이동하고 검색하고 인출하
는 과정을 통해 말랑말랑하고 자유로운 사고력을 기를 수 있습니다.

기억력스포츠와 건망증

기억력스포츠를 배우다보면 누군가에게 기억력을 자랑하고 싶은 욕구가 올라올 때가 있습니다. 기억력스포츠를 배우기 전에는 단 5분 만에 숫자 100개를 외우고 카드 한 팩을 외운다는 것은 TV에 나오는 사람들이나 가능한, 나와는 거리가 먼 이야기인 줄 알았는데, 그것을 어렵지 않게 해내는 자신을 보면 스스로 생각해도 정말 신기하기 때문입니다.

저는 주로 아내에게 암기력 시범을 보여주곤 했습니다. 예컨대, 하루는 같이 영국 드라마 〈셜록〉을 보는데 극중에서 주인공 셜록 홈즈가 마인드 팰리스를 검색하는 장면이 나왔습니다. 마침 아내가 요즘 배우는 게 저런 거냐고 묻기에 이때다 싶어 아무 단어나 20개를 적어보라고 한 후, 즉석에서 모두 암기하여 놀라게 한 적이 있었습니다.

또 하루는 아내의 지인 열 명의 전화번호를 식사 도중에 즉석에서 외워 감탄을 자아내게 한 적도 있었지요.

그런데 정작 일상생활을 하면서 건망증 때문에 핸드폰을 어디에 두었는지, 안경은 어디에 놓았는지 등을 자주 기억하지 못하자 아내가 기억력스포츠 국가대표가 맞긴 하냐고 타박을 하고는 했습니다.

사실 예전부터 건망증이 있어서 크게 신경 쓰지는 않았지만, 기억력스포츠를 배우면서부터는 명색이 기억력스포츠 선수인데 건망증이 있다는 게 말이 되냐며, 선수 동료들에게 지나가는 말로 언급한 적이 있었습니다.

그때 역사를 기억법과 접목시켜 교육하는 고혜정 선수가 건망증과 기억력스포츠와는 아무런 관련이 없으니 걱정하지 말라는 말을 해주었습니다. 왜냐하면 의식하지 않는 행위는 애초에 그 행동을 기억하려는 의도가 없고 의미도 부여하지 않았기 때문에 '기억'이라는 행위가 아니므로 기억력과는 관계가 없다는 것이지요.

예컨대, 안경을 책상 위에 올려둘 때 내가 이곳에 안경을 두어야지 하고 의식을 하고 놓아두는 것은 '기억'이라는 행위가 될 수 있지만, 그냥 무의식적으로 안경을 책상에 올려놓는 행위는 '기억'이 아니므로, 나중에 안경을 어디에 두었는지 기억이 나지 않아도 그것은 기억력과는 상관이 없다는 말입니다. 즉, '기억'이라는 행위 자체가 없었으므로 기억하지 못해도 기억력과는 아무상관이 없다는 뜻이지요.

기억력스포츠를 배우면서 무의식적으로 한 사소한 행위를 잊어버리더라도 그것은 기억력과는 상관없으니 너무 실망하지 마세요.

기억력 마스터가 되기 위한
기초 지식

이제 기억력스포츠가 무엇인지에 대해서는 어느 정도 이해를 하셨을 것이라 생각합니다. 본격적으로 기억력스포츠에 대해 알아보기에 앞서 반드시 알고 있어야 할 기초 지식 몇 가지를 설명하고자 합니다. 사실 상식에 가까운 내용이라 이미 알고 있을지도 모르겠지만, 중요한 지식들이므로 한번 더 짚어보도록 하겠습니다.

마인드 팰리스, 기억의 궁전

마인드 팰리스Mind Palace는 우리의 두뇌 속에 기억을 저장해두는 거대한 저장소를 일컫는 말입니다. 기억력스포츠 선수들은 모두 머릿속에 마인드 팰리스를 가지고 있어서 외워야 할 정보를 궁전의 곳곳에 집어넣어 저장합니다.

마인드 팰리스는 메모리 팰리스Memory Palace라고도 하고, 로만룸 Roman Room이라고도 하는데, 한국에서는 기억의 궁전, 기억방 등 다양한 이름으로 불립니다.

사실 마인드 팰리스는 엄밀히 말하면 기억법은 아닙니다. 마인드 팰리스를 이용한 기억법을 여정기억법Journey Method 또는 장소기억법 Method of Loci이라고 하며, 이런 기억법을 이용하여 정보를 저장할 수 있도록 머릿속에 구축된 가상의 건축물을 마인드 팰리스라고 합니다. 하지만 실생활에서는 마인드 팰리스를 기억(정보)을 저장하는 곳뿐만 아니라, 장소기억법의 의미로도 흔히 사용하기 때문에 이 책에서도 마인드 팰리스를 장소기억법과 구분하지 않고 혼용하여 사용하도록 하겠습니다.

기억력스포츠를 하기 위해서는 자신만의 마인드 팰리스를 반드시 가지고 있어야 합니다. 마인드 팰리스는 기억력스포츠에서 필수 도구로, 차지하는 비중은 절반 이상입니다. 기억력스포츠에서 외워야 할 정보를 기억하는 장소로 절대적으로 필요한 공간입니다. 아주 중요한 부분이니만큼 2장에서 상세히 설명하도록 하겠습니다.

수의 진법

기억력스포츠에서 수의 진법을 알아야 하는 이유는 바로 이진수라는 종목이 있기 때문입니다. 이진수 종목은 주어진 시간 안에 최대한 많은 이진수를 기억하는 것을 목표로 하는 종목입니다. 이진수를 외우기 위한 가장 기본적인 기억시스템이 십진수 변환시스템인데, 이를 이해하기 위해서 이진수와 십진수를 상호 변환하는 방법을 알고 있어야 합니다.

다음에 설명하는 내용 중에 마인드 팰리스와 기억시스템에 관한 부분이 나오는데, 낯선 용어가 나오므로 지금은 이해하기 어려울 수도 있습니다. 여기서는 이진수와 십진수를 상호 변환하는 방법을 아는 것이 목표이므로, 군이 이해하려 하지 않아도 됩니다.(이진수의 기본 개념을 이미 알고 있는 사람은 수의 진법 파트는 건너뛰어도 무방합니다.)

그러면 간략하게 수의 진법에 대해 소개하고 이진수와 십진수를 상호 변환시키는 방법에 대해 알아보겠습니다.

수의 진법이란 쉽게 말해 수를 표현(표기)하는 방법(기수법)을 말합니다. 우리가 지금 실생활에서 사용하는 숫자는 어떻게 표현하며 총 몇 개가 있나요?

0, 1, 2, 3, 4, 5, 6, 7, 8, 9 이렇게 총 10개가 있습니다. 그러므로 현재 우리가 사용하는 진법은 10진법이 되는 것입니다. 간단하지요?

오늘날 십진법이 널리 사용되고 있는 것은 숫자를 셀 수 있는 사람의 손가락이 10개이기 때문이라고 합니다. 만약 사람의 손가락이 양손 합쳐 여섯 개였다면, 아마 지금 우리는 6진법을 사용하고 있을지도 모르겠습니다.

십진법은 10개의 숫자를 이용하여 수를 표현하지만 모든 자리의 숫자가 같은 값을 가지지는 않습니다. 잘 아다시피 자릿수가 한 단계 오를 때마다 그 값은 10배씩 커집니다. 예컨대, 333의 경우 맨 앞의 3은 300을, 가운데 3은 30을, 마지막 3은 그냥 3을 나타내는 것이지요. 즉, 333은 $(3 \times 10^2)+(3 \times 10)+3$의 값을 가지는 것입니다.

그러면 오진법은 5개의 숫자(0, 1, 2, 3, 4)를 사용해 수를 표현하는 방법이며, 자릿수가 한 계단 올라갈 때마다 5배의 차이가 난다는 사실을 유추할 수 있겠지요?

즉, 5진수 432는 $(4 \times 5^2)+(3 \times 5)+2$가 되는 것입니다.

이제 기억력스포츠에서 말하는 이진수가 무엇인지 알겠지요? 이진수는 이진법으로 표기한 숫자를 말합니다. 즉, 이진수는 2개의 숫자(0, 1)만 사용해서 수를 표현하며, 자릿수가 한 계단 올라갈 때마다 2배의 차이가 납니다. 즉, 101은 $(1 \times 2^2)+(0 \times 2)+1$이 되는 것입니다.

십진법이 아닌 다른 진법을 이용한 수는 십진수와 구분이 되지 않으므로 일상생활에서 사용하는 십진수를 제외한 다른 진법으로 표현한 수는 끝에 괄호를 이용하여 작게 표현을 해줍니다.

예컨대, 이진수 110이라면 110$_{(2)}$라고 표기합니다.

이진수를 십진수로 변환하기

이진수 종목은 무작위로 나열된 이진수를 암기하는 종목입니다. 이진수 종목을 암기할 때 가장 기본적인 기억시스템(3장에서 설명)이 십진수 변환시스템입니다. 여기서는 추후 설명할 십진수 변환시스템을 이해하기 위해 이진수를 십진수로 변환하는 방법에 대해 설명하겠습니다.

사실 이진수를 십진수로 변환하는 방법은 앞에서 수의 진법을 소개할 때 설명했습니다. 앞 예시에서 2진수는 각 자릿수가 2배만큼 차이가 나므로 101은 $(1 \times 2^2)+(0 \times 2)+1$이 된다고 했습니다. 여기서 $(1 \times 2^2)+(0 \times 2)+1$의 값은 5가 됩니다. 즉, 이진수 101은 십진수 5가 되는 것입니다. $(101_{(2)} = 5)$

그럼 예를 한번 들어보겠습니다.

$$000 = (0 \times 2^2) + (0 \times 2) + 0 = 0$$
$$001 = (0 \times 2^2) + (0 \times 2) + 1 = 1$$
$$010 = (0 \times 2^2) + (1 \times 2) + 0 = 2$$
$$011 = (0 \times 2^2) + (1 \times 2) + 1 = 3$$
$$100 = (1 \times 2^2) + (0 \times 2) + 0 = 4$$
$$101 = (1 \times 2^2) + (0 \times 2) + 1 = 5$$
$$110 = (1 \times 2^2) + (1 \times 2) + 0 = 6$$
$$111 = (1 \times 2^2) + (1 \times 2) + 1 = 7$$

간단하지요? 위의 8개의 이진수는 3자릿수로 표현되는 이진수의 모든 경우의 수를 십진수로 변환한 것입니다. 나중에 십진수 변환시스템에서 사용되니 틈틈이 익혀두기 바랍니다.

십진수를 이진수로 변환하기

십진수를 이진수로 변환하는 이유는 나중에 리콜recall을 하기 위한 것입니다. 이진수 종목에서 사용되는 기억시스템 중 이진수를 십진수로 변환해서 암기하는 시스템(십진수 변환시스템)이 있습니다.

즉, 이진수를 십진수로 변환하여 암기를 했으므로 리콜할 때도 십진수가 리콜됩니다. 그러므로 리콜용지에 적을 때는 십진수를 이진수로 변환하여 기재해야 합니다. 따라서 십진수를 이진수로 변환하는 방법을 알아야 합니다.

십진수를 이진수로 바꾸는 방법은 다음과 같습니다.

① 십진수를 몫이 1이 될 때까지 2로 나눈다.
② 몫이 1이 되면, 몫 1부터 시작해서 나머지를 거꾸로 적어나간다.

예컨대, 십진수 6을 2로 나누면 몫은 3이 되고, 나머지는 0이 됩니다. 몫이 1이 아니므로 다시 3을 2로 나누면 몫이 1이 되고 나머지는 1이 됩니다. 몫이 1이 되었으므로 몫 1부터 시작하여 나머지를 거꾸로 적어가면 110이 됩니다. 즉 십진수 6은 이진수 110이 되는 것이지요. $(6 = 110_{(2)})$

지금까지 이진수 종목의 이해를 돕기 위해 수의 진법에 대해 알아보았습니다. 참고로 속도가 생명과도 같은 실제 대회에서 선수들은 이진수와 십진수 간의 상호 변환을 그야말로 눈 깜빡할 사이에 해냅니다.

기억력스포츠의
기본 용어

이 책을 읽다 보면 낯선 용어들이 많이 나올 것입니다. 물론 단어만 보고도 거의 대부분 어떤 뜻인지 상식적인 수준에서 유추가 가능하지만 기억력스포츠에 대해 본격적으로 설명하기 전에 용어를 정리하고 넘어가도록 하겠습니다.

암기용지

10개 종목 중에 플레잉 카드, 스피드 카드, 불러주는 숫자 등 3개 종목을 제외한 나머지 7개 종목에서 사용되며, 이름/얼굴, 숫자, 추상적 이미지, 역사/연도, 무작위 단어 등 암기할 대상이 적혀 있는 용지를 말합니다. 암기용지는 해당 종목을 시작하기 직전에 참가자에게 배부됩니다.

리콜용지

스피드 카드를 제외한 나머지 9개 종목에서 사용되며, 암기 시간에 외웠던 정보를 기록하는 용지를 말합니다. 리콜 시간 직전에 참가자에게 배부됩니다. 단, 불러주는 숫자 종목의 경우에만 암기 시간 전에 리콜용지가 배부됩니다.

암기 시간

10개 종목별로 암기할 대상(숫자, 단어, 카드 등)을 외우는 제한 시간을 말합니다. 종목마다 조금씩 다르며, 같은 종목이라도 대회 기준마다 다릅니다.

리콜 시간

암기 시간 동안 기억한 것을 리콜용지에 인출하는(적어내는) 시간을 말합니다. 암기 시간과 마찬가지로 종목마다 조금씩 다르며, 같은 종목이라도 대회 기준마다 다릅니다. 보통 암기 시간의 2배가 주어집니다. 암기 시간은 항상 부족하지만, 리콜 시간은 넉넉히 주어지므로 시간이 부족해 리콜을 못하는 경우는 스피드 카드 종목을 제외하고는 거의 없습니다.

마인드 팰리스＝기억의 궁전

장소기억법Method of Loci 을 이용하여 정보를 저장할 수 있도록 머릿속에 구축된 가상의 건축물(기억의 궁전)을 일컫는 말입니다. 이 책에서는 기억의 궁전과 혼용하여 같은 뜻으로 사용됩니다.

기반＝기억의 방

마인드 팰리스와 기억저장소 사이의 중간 개념으로, 마인드 팰리스 내 특정한 장소(공간)를 말합니다. 기억저장소의 집합이 기반이며, 기반의 집합이 마인드 팰리스가 됩니다. 기억의 방은 기반과 같은 뜻으로 사용되며 줄여서 '방'이라고 부르기도 합니다.

기억저장소＝저장소

기억의 방(기반) 안에서 기억할 대상(정보)을 직접 저장(결합)하는 장소를 말합니다. 보통 구체적인 형상을 가진 사물을 기억저장소로 삼는데 예컨대, 거실이라면 TV나 소파가 기억저장소가 될 수 있습니다. 줄여서 '저장소'라고 부르기도 합니다.

결합＝저장

기억할 대상(정보)을 기억저장소에 보관하는 행위를 말합니다. '저장'과 같은 뜻으로 사용됩니다.

리콜＝재생

기억저장소에 보관된 정보를 떠올리는 행위를 말합니다. '재생'과 같은 뜻으로 사용됩니다.

기억력 마스터는
에티켓도 기본

기억력스포츠는 말 그대로 기억력을 겨루는 스포츠입니다. 따라서 선수들이 암기 시간과 리콜 시간에 각자의 마인드 팰리스를 빠른 속도로 돌아다니며 결합과 리콜을 하기 위해서는 엄청난 집중력이 필요합니다. 그러므로 암기 시간과 리콜 시간 중에는 다른 선수들의 집중을 방해하지 말고 조용히 해야 합니다.

이것은 관중도 마찬가지입니다. 응원은 휴식 시간에 하되, 선수들이 집중하는 경기 시간에는 모두 조용히 하여 모든 선수들이 각자 연습한 만큼 좋은 성적을 올릴 수 있도록 집중하여 경기할 수 있는 환경을 조성하도록 해야 합니다.

또한 기억력스포츠 경기를 치르다 보면 암기 시간은 다들 부족하지만 리콜 시간은 충분히 주어지기 때문에 리콜 시간이 종료되기 전에 리콜용지 작성을 끝내는 참가자들이 대부분입니다.

2015 WMC 휴식시간 : 맨 오른쪽이 챔피언 알렉스 멀렌(Alex Mullen)

이럴 경우 먼저 끝났다고 해서 아직 리콜 시간이 종료되지도 않았는데, 사진을 찍으면서 돌아다니거나 동료들과 잡담을 하는 등 다른 선수들의 리콜을 방해하는 행위를 하지 않도록 주의해야 합니다.

대회 때 챙겨야 할 준비물

❖ **필기구** 볼펜, 연필, 샤프, 지우개 등 리콜 용지에 기재할 때 필요하며 반드시 챙겨가야 합니다.

❖ **스피드 카드 종목용 카드 4팩** 스피드 카드 종목은 총 두 번의 기회가 주어지는데, 한 번의 기회마다 암기용 카드 1팩과 리콜용 카드 1팩이 필요합니다.

❖ **롱 카드 종목용 카드** 참가하고자 하는 대회 기준을 살펴보고 주어진 암기 시간 내에 외울 수 있다고 목표하는 만큼 준비하면 됩니다. 예컨대, 국가기준(암기 시간 10분) 대

2016 홍콩국제기억력대회 당시 사용했던 필기구

회에 카드 3팩을 암기하는 것이 목표라면 3팩을 가져가면 됩니다.

❖ **연습용 카드** 대회에서 사용되는 카드는 개회식 전에 주최 측에 제출해야 하므로 여분의 연습용 카드를 준비하지 않으면 연습할 수가 없습니다. 대회 직전 기억시스템 이미지를 다시 한 번 다지기 위해서라도 가져가는 것이 좋습니다.

❖ **스피드 스택스 타이머**Speed Stacks Timer 스피드 카드 종목을 포함한 스포츠 스태킹이나 스피드 큐빙 같은 속도 경쟁 경기에서 시간을 측정하는 도구로 많이 이용하고 있습니다. 양손을 타이머의 양쪽 터치패드는 올려놓았다가 동시에 떼면 시간 측정이 시작됩니다. 시간을 멈추고 싶으면 다시 양손을 동시에 터치패드에 올리면 됩니다. 스피드 카드 종목에서는 필수 도구로 익숙해질 필요가 있습니다. 카드 1팩을 5분 이내로 외우는 것이 목표라면 준비해 가도록 합니다.

❖ **투명필름** 숫자 종목 경기를 할 때 암기용지에 인쇄된 숫자는 선으로 구별되어 있지 않습니다. 본인의 기억시스템에 따라 투명필름에 미리 선을 그은 후, 암기용지 위에 투명필름을 겹쳐놓고 외우면 숫자가 선으로 구분되어 한층 외우기 편합니다. 물론 암기용지 위에 필기구로 직접 선을 그어가며 외우는 선수들도 많습니다.

2015 도쿄국제기억력대회 종합 3위 권순문 선생님의
스피드 스택스 타이머

❖ **손목시계 또는 소형 타이머(시험용 타이머)** 시계를 가져가지 않더라도 경기장 전면의 대형 스크린에 암기 시간이 표시되고, 심판arbiter이 남은 시간을 중간 중간에 알려줍니다. 하지만 국가 기준을 적용하는 대회나 암기 시간이 짧은 종목일수록 1초가 아쉬우므로 고개를 들어 스크린을 보고 시간을 확인하는 시간을 줄이기 위해 개인용 시계(타이머)를 가져가는 것이 시간 안배에 유리합니다.

❖ **견출지(라벨)** 카드 종목(스피드 카드, 롱 카드) 경기를 위해 주최 측에 미리 준비한 카드를 제출할 때, 카드 팩 겉면에 종목명, 선수 이름, 선수번호(ID) 등을 기재해야 하는데, 이때 필요합니다.

❖**귀마개** 기억력대회 특성상 암기 시간에는 비교적 조용하지만, 그렇다고 소음이 전혀 없는 것은 아니므로 주변 소음에 영향을 받는 선수라면, 귀마개는 준비해가는 것이 좋습니다. 대회 현장에는 소음차단용 귀덮개나 산업용 귀마개를 가져오는 선수들도 꽤 많습니다.

이외에도 초콜릿, 초코바, 에너지 드링크, 생수 등 경기를 치르면서 떨어진 기력을 간편하게 보충하여 컨디션을 조절할 수 있는 음식물도 준비하면 좋습니다.

2016 홍콩국제기억력대회 권순문 선생님의 카드 팩, 겉면에 선수 정보 기재

2장

마인드 팰리스 만들기

: 기억의 궁전이란 무엇인가

기억의 궁전이란
무엇인가

마인드 팰리스의 역사

기억력스포츠를 하기 위해서는 자신만의 마인드 팰리스(기억의 궁전)를 반드시 갖고 있어야 합니다. 마인드 팰리스를 만들지 않고 기억력스포츠를 한다는 것은 탄약 없이 전쟁터에 뛰어드는 것과 같습니다. 마인드 팰리스(기억의 궁전)의 기원에 관해서는 다음과 같은 유명한 이야기가 있습니다.

기원전 5세기 고대 그리스 키오스의 웅변가이자 시인인 시모니데스 Simonides가 어느 날 연회에 초대되었습니다.

연회에 참석한 다른 사람들과 즐겁게 연회를 즐기던 중 잠시 자리를 비운 사이에 연회장의 지붕이 붕괴하였고, 놀라서 달려와 보니 즐거운 음악이 흘러나왔던 대연회장은 포화를 맞은 전쟁터처럼 비명으로 가득한 아수라장으로 삽시간에 변해 있었습니다. 연회에 참석한 거의 대부분의 사람들이 건물 잔해에 깔려 죽고, 살아남은 일부 사람들도 크게 다쳐 도움을 요청하고 있었습니다. 인명을 구조하고 사고를 수습하려고 하였지만 붕괴된 연회장의 어느 곳에 얼마나 사람들이 매몰되어 있는지 아는 사람이 없었습니다. 또한 무너진 건물 잔해에 시신이 깔리고 심하게 훼손되어 유족조차 누가 누군지 알 방법이 없었습니다.

바로 이때 시모니데스가 연회장이 무너지기 전에 보았던 장면을 머릿속으로 생생하게 떠올려 연회에 초대된 손님들이 있었던 위치를 모두 기억하여 어느 곳에, 누가, 몇 명이나 있었는지를 알려주어

기억법의 아버지 시모니데스

인명 구조와 사고 수습에 큰 도움을 주었고, 시신 확인에도 큰 역할을 하였습니다.

이 사건으로 인해 시모니데스는 '기억법의 아버지'라고 불리고 있는데 당시 시모니데스가 사용한 방법, 즉 머릿속에 가상의 건물을 만들어 건물의 곳곳에 기억하고자 하는 것을 이미지로 바꾸어 저장하는 방법을 발전시켜 체계화한 것이 바로 마인드 팰리스라는 기억법입니다.

마인드 팰리스는 우리의 두뇌 속에 기억을 저장해 두는 거대한 저장소를 일컫는 말입니다. 기억력스포츠 선수들은 모두 머릿속에 기억의 궁전을 가지고 있어서 시모니데스처럼 외워야 할 것들을 기억의 궁전 각 방(기반)에 집어넣고(결합), 외운 것을 되살릴 필요가 있으면 기억의 궁전의 문을 열고 기억을 저장한 방(기반)을 거닐면서 기억을 재생(리콜)합니다.

드라마 속 마인드 팰리스

마인드 팰리스는 메모리 팰리스Memory Palace라고도 하며, 로만룸Roman Room이라고도 하는데, 한국에서는 기억의 궁전, 기억방 등 다양한 이름으로 번역되어 불립니다.

마인드 팰리스의 역사는 기억력스포츠의 역사보다 훨씬 깊습니다. 역사가 깊은 만큼 우리나라에도 오래전부터 들어왔지만 최근에 유명해진 것은 미국 드라마와 영국 드라마의 영향이 큽니다.

바로 미드 〈멘탈리스트The Mentalist〉와 영드 〈셜록Sherlock〉이 그것이지요. 드라마에서 멘탈리스트 '패트릭 제인'과 명탐정 '셜록 홈즈'는 사건과 관련된 모든 것을 마인드 팰리스에 저장합니다. 그리고 기억을 되살릴 필요가 있을 때에는 가만히 마인드 팰리스에 들어가 저장소에 링크된 정보를 떠올려 문제를 해결합니다.

"내 머릿속에는 셜록 홈즈처럼 마인드 팰리스가 있으며,
여기에 기억해둔 것은 잊어버리지 않는다!"

멋지지 않습니까? 마인드 팰리스가 내 머릿속에 있다면 나의 생활이 얼마나 달라질 수 있을까요?

"저것은 드라마에서나 가능하다." 또는 "패트릭 제인이나 셜록 홈즈 같은 천재만이 할 수 있는 것이다"라고 생각하는 사람도 있을 수 있겠지요. 하지만 아닙니다. 누구나 할 수 있습니다.

예전부터 동서양의 많은 사람들이 마인드 팰리스를 사용해왔고, 지금도 많은 사람들이 활용하고 있습니다. 평범한 직장인인 저도 사용하고 있습니다.

마인드 팰리스의
기억 메커니즘

모든 기억력스포츠 선수들은 자신만의 마인드 팰리스를 가지고 있습니다. 어떤 선수는 팰리스(궁전)라는 명칭에 어울리게 아주 규모가 크고 화려한 건물을 마인드 팰리스로 사용하고 있고, 또 어떤 선수는 자신이 실제 거주하고 있는 작은 아파트 거실을 마인드 팰리스로 사용하고 있습니다.

분명한 것은 기억력스포츠를 하기 위해서는 자신만의 마인드 팰리스가 반드시 필요하다는 것입니다. '기억력'을 겨루는 기억력스포츠에서 외워야 할 대상을 기억하는 공간인 마인드 팰리스는 기억력스포츠의 필수조건이라고 할 수 있습니다.

기억해야 할 대상을 날것 그대로가 아닌, 마인드 팰리스에 저장하기 쉬운 상태인 이미지로 바꾸어(변환), 자신의 기억저장소에 변환된 이미지를 저장(결합)하며, 기억 재생을 할 때에는 마인드 팰리스를 거닐면서 각 저장소에 링크된 이미지를 리콜하여, 다시 원래의 정보로 바꾸어(역변환) 재생하는 것이 바로 기억과 재생의 전 과정입니다. 그리고 이 모든 과정에서 마인드 팰리스는 핵심적 역할을 합니다.

단기 기억과 장기 기억

기억에 관한 전문적인 용어나 이론적인 내용을 굳이 알 필요는 없지만, 기억력스포츠에서 왜 마인드 팰리스를 사용하는지 그 작동기전은 알아둘 필요가 있습니다. 여기서는 단기 기억(당장 기억해야 할 대상)과 장기 기억(마인드 팰리스)이라는 용어를 사용하여 설명해보도록 하겠습니다.

제한된 시간 내에 최대한 많은 정보를 기억해야 하는 기억력스포츠에서는 대상 하나에 많은 시간을 투자할 여유가 없습니다. 그러므로 기억해야 할 대상 자체를 장기 기억으로 만드는 것이 아니라, 이미 머릿속에 장기 기억으로 확실하게 구축되어 있는 마인드 팰리스(기억의 궁전)에 기억해야 할 대상을 결합시킴으로써, 단기 기억을 장기 기억으로 바꾸는 것입니다.

낚시로 비유를 하자면, 낚시를 할 때 한두 마리만 잡고자 한다면 모르겠지만 최대한 많은 물고기를 잡으려고 한다면 잡은 고기를 보관하는 살림망을 반드시 가지고 가서, 잡은 고기를 보관해야 더 많은 물고기를 잡을 수 있습니다. 여기서 물고기를 단기 기억(당장 기억해야 할 대상)이라고 한다면 살림망은 장기 기억(마인드팰리스)이 되는 것이겠지요.

기억력스포츠는 속도가 생명입니다. 주어진 시간에 얼마나 더 많이, 더 빠르게 외울 수 있느냐를 겨루기 때문입니다. 이렇게 속도와 효율성을 중시하는 기억력스포츠에서 필수 도구로 마인드 팰리스를 선택했으니 그 효과성은 두말할 나위가 없을 것입니다.

앞으로 3장에서 배울 기억시스템과 4장에서 배울 종목별 전략은 모두 마인드 팰리스를 머릿속에 구축했다는 전제하에 기술되어 있습니다. 여기서 마인드 팰리스에 대해 확실하게 이해하고 자신만의 마인드 팰리스를 만든 후에 다음 장으로 넘어가도록 해야 합니다.

나만의 마인드 팰리스
만들기

기억력스포츠를 시작하려고 했을 때 가장 주저했던 부분이 바로 마인드 팰리스를 만들어야 한다는 부분이었습니다.

마인드 팰리스의 개념에 대해서는 이미 예전부터 알고 있었고, 이를 머릿속에 만들고자 노력했습니다. 하지만 마인드 팰리스 만드는 법을 구체적이고 체계적으로 알려주는 사람이나 교재가 없어서 몇 번 시도했지만 번번이 포기했었습니다. 당시에는 마인드 팰리스를 만드는 시간에 그냥 영어 단어 하나라도 외우는 것이 더 낫겠다는 판단이 들었습니다.

"마인드 팰리스의 효과는 확실하지만, 만들기는 매우 어렵다."

이것이 마인드 팰리스에 대해 제가 가지고 있었던 선입견이었습니다. 하지만 다행히 권순문 선생님을 만나게 되었고, 마인드 팰리스는 만들기 어렵다는 생각이 틀렸다는 것을 알게 되었습니다. 다시 고쳐 말하겠습니다.

"마인드 팰리스는 만들기 쉽다."

맞습니다. 마인드 팰리스 만들기는 생각만큼 어렵지 않습니다. 이 책에서 소개하는 방법대로만 해도 하루에 수백 개의 기억저장소를 만들 수 있습니다.

그림으로 보는 마인드 팰리스

머릿속에 마인드 팰리스를 만들어 정보를 저장한다는 것은 상당히 추상적인 내용인지라 선뜻 이해하기가 쉽지 않습니다. 그러므로 이해를 돕고 마인드 팰리스가 익히기 쉽다는 것을 알려드리기 위해서 먼저 기반과 기억저장소가 어떻게 구성되며, 어떻게 정보가 저장되는지, 시각화된 예시를 통해 설명해보겠습니다.

그림1에서 소개되는 기억의 방은 마인드 팰리스를 처음으로 접하는 사람들을 위해 만든 것입니다. 소개하는 10개의 저장소가 친숙한 만화 이미지로 표현되어 있기 때문에 누구나 거부감 없이 쉽게 익힐 수 있습니다. 이 기억의 방을 이용해 나만의 마인드 팰리스 만들기를 설명해보겠습니다.

그림1. 기억의 방(기반) : 소방서

1. 소방서 2. 소방차 3. 소방헬기 4. 구급차 5. 소방도끼
6. 소화기 7. 소방마스크 8. 소방사다리 9. 소방관 10. 불타는 건물

그림1의 기억의 방은 그 자체가 마인드 팰리스의 한 기반(방)에 해당하며, 이에는 위와 같이 10개의 기억저장소가 있습니다.

그림1에서 알 수 있듯이 이 기반의 주제는 소방서입니다. 그래서 10개의 저장소가 모두 소방서와 관련된 이미지이므로 외우기 어렵지 않을 것입니다.

그럼 지금부터 그림1 소방서 기반의 저장소를 번호 순서대로 외워보도록 하겠습니다. 간단한 그림이기도 하고, 그림의 주제가 명확하므로 금방 암기할 수 있을 것입니다. 앞으로 직접 만들어 볼 나만의 마인드 팰리스 역시 각 기반마다 주제(방 이름)를 정해서 만들어야 합니다. 그래야 기억하기 쉽고 외우기도 편합니다.

사전테스트

다들 모두 외우셨나요? 이제 여러분은 마인드 팰리스 1개의 기반(방)을 가지게 되었습니다. 이제 이 기반에 정보를 저장해 보겠습니다. 무엇을 저장할까요?

우리는 기억력스포츠를 배우는 사람들이므로 기억력스포츠 10개 종목 중 하나를 외워보겠습니다. 10개 종목 중에서 숫자와 카드는 아직 기억시스템(3장 참고)을 배우지 못했으므로, 이미지 변환 없이 바로 저장이 가능한 무작위 단어Random Words 종목을 해보도록 하겠습니다.

무작위 단어 종목은 주어진 시간 내에 최대한 많은 단어를 순서대로 기억하는 종목입니다. 연습 삼아 하는 것이므로 일단 20개만 외워보도록 하겠습니다.

대회에서는 20개를 순서대로 모두 맞히면 20점, 1개 틀리면 10점, 2개 이상 틀리면 0점이지만(4장 참조), 지금은 연습이므로 맞힌 개수만큼을 점수로 하도록 하겠습니다.

그러면 소방서 기반을 이용하여 무작위 단어를 외우기 전, 기존에 각자가 하던 방식대로 외운 것과 마인드 팰리스를 이용하여 외운 것과의 결과 비교를 위해 사전 테스트를 해보겠습니다.

1	우산	2	괴로운	3	돌고래	4	편지	5	달리다
6	정확한	7	대학교	8	장난감	9	맥주	10	삼각형
11	피라미드	12	손수건	13	휴대폰	14	불고기	15	폭탄
16	판사	17	달력	18	사과하다	19	야구장	20	부메랑

표8. 무작위 단어 사전테스트

우선 빈 종이와 펜을 준비합니다. 그리고 위 표8에서 제시되는 20개의 무작위 단어를 1번부터 20번까지 순서대로 외워보세요. 제한 시간은 3분입니다.

다 외우셨나요? 3분이 지났으면 1번부터 20번까지 순서대로 빈 종이에 적어보시기 바랍니다.

몇 개나 기억하셨나요? 아마도 10개 이상을 순서대로 기억하기가 만만치 않을 것입니다. 설사 20개 모두 외웠다고 해도 단기 기억에 불과하므로 5분만 지나도 외운 단어의 절반은 잊어버리게 될 것입니다.

결합예시

이제 마인드 팰리스를 이용해서 외우면 어떤 결과가 나올까요? 같이 한번 해볼까요? 사전 테스트에서 암기한 단어 20개는 이미 익숙해져 있으므로 공정성을 기하기 위해 아래 표9의 새로운 무작위 단어 20개를 소방서 기반을 이용해 외워보도록 하겠습니다.

지금부터 소방서 기반(기억의 방)에 표9의 무작위 단어 20개를 저

1	고양이	2	리듬체조	3	사기꾼	4	수박	5	머리카락
6	지나가다	7	선글라스	8	우물	9	치마	10	킹콩
11	무거운	12	말벌	13	좋아하는	14	신문	15	반지
16	휠체어	17	돌고래	18	손전등	19	기름	20	논쟁하다

표9. 무작위 단어

장할 것입니다. 외워야 할 무작위 단어는 20개인데 10개의 기억저장소만 있으므로, 저장소 1개당 단어 2개씩 저장(결합)하도록 하겠습니다.

저장 경로는 그림1의 번호순으로 하겠습니다. 마인드 팰리스에 저장할 때는 순서가 아주 중요합니다.

특히 기억력스포츠에서는 순서대로 재생(리콜)해야 하는 종목이 대부분이므로 반드시 순서를 정해서 저장해야 합니다. 그림의 기반은 이미 완성된 가상의 기반이므로 순서가 지정되어 있지만, 앞으로 같이 만들어볼 나만의 마인드 팰리스에서는 직접 순서를 정해야 합니다.(순서를 정하는 방법은 뒤에 자세히 설명되어 있습니다.)

기반의 개별 저장소에 정보(대상)를 결합할 때도 방법이 있습니다. 결합 방법은 뒷부분에 자세히 설명을 해놓았으니 나중에 참고하면 됩니다. 지금은 입문 단계이므로 복잡하게 생각하지 말고 예시를 보면서 차근차근 따라오기 바랍니다.

1번 저장소 : 소방서 (고양이/리듬체조)

소방서에서 기르는 (소방 장화를 신은) 고양이가 손연재 선수가 나오는 리듬체조 올림픽 중계방송을 보면서 리듬체조 동작을 신나게 따라하고 있는 장면을 상상해보세요.

2번 저장소 : 소방차 (사기꾼/수박)

사기꾼이 대담하게 소방서를 상대로 사기를 쳐서 소방차를 몰고 도망가다가 집채만 한 수박에 정면으로 부딪쳐서 소방차가 수박 속으로 완전히 파묻히는 장면을 그려보세요. 또한 소방차가 수박과 충돌할 때 수박이 깨져 붉은 과육이 휘날리는 장면도 그려보고, 수박의 달콤한 맛도 한번 느껴보세요.

3번 저장소 : 소방 헬기 (머리카락/지나가다)

소방 헬기 프로펠러에서 나오는 엄청난 바람에 헤어숍에서 비싼 돈을 주고 공들여 만든 머리카락(헤어스타일)이 다 망가져 우스꽝스럽게 변했는데, 이런 내 모습을 지나가던 사람들이 보고 웃는 걸 보니 참으로 비참한 심정입니다.

4번 저장소 : 구급차 (선글라스/우물)

한낮에 길을 걷고 있는데 구급차가 지나갑니다. 태양빛에 구급차의 하얀 표면이 반사되어 눈이 부시어 선글라스를 꺼내 착용합니다. 진한 선글라스 때문에 앞이 잘 안 보여 그만 우물에 빠지고 맙니다. 물이 매우 차갑고 오래 고여 있어 악취가 진동합니다. 살려달라고 고함을 지르자 아까 보았던 구급차가 와서 구해줍니다.

5번 저장소 : 소방도끼 (치마/킹콩)

표면을 잘 닦아 반들반들한 소방도끼를 거울삼아 지나가는 여성의 치마 속을 엿보는 장면을 그려보세요. 그런데 하필이면 그 여성이 킹콩이 사랑하는 앤입니다. 이를 본 킹콩이 격분하여 가슴을 두드리며 크게 포효를 하면서 소방도끼를 빼앗아 두 동강을 내는 장면을 그려보세요.

6번 저장소 : 소화기 (무거운 / 말벌)

아주 큰 말벌이 우리 집에 침입해서 119에 신고를 했습니다. 신고를 받은 119가 도착했는데, 말벌 퇴치용구가 다 떨어져서 아주 무거운 초대형 소화기를 끼끼대며 들고 말벌을 향해 분사하여 퇴치하려 합니다. 그런데 소화기에서 소화제消火劑가 아니라 오히려 꿀물이 분사됩니다. 그러자 주위의 모든 벌이 날아 들어와 온 집안이 벌집이 되는 장면을 상상해보세요.

7번 저장소 : 소방 마스크 (좋아하는/신문)

지하철역에서 열차를 기다리고 있는데, 갑자기 남몰래 좋아하는 사람을 마주칩니다. 심장이 두근두근하여 그 사람을 볼 용기가 나지 않아 신문을 펼쳐 얼굴을 가립니다.

그런데 그 사람이 나를 알아보고 더욱 가까이 다가오자 지하철 역에 있는 소방 마스크를 꺼내 착용하고 얼른 도망칩니다.

8번 저장소 : 소방 사다리 (반지/휠체어)

2미터가 넘는 장신 신부와 1미터도 안 되는 단신 신랑이 결혼식을 올립니다. 키가 작은 신랑이 키 큰 신부에게 사다리를 타고 올라가 결혼반지를 끼워주려 합니다. 그런데 신랑이 사다리에서 중심을 잡지 못하고 그만 땅으로 떨어져 크게 다쳐 휠체어를 타게 되는 장면을 그려보세요. 그 옆에서 많은 사람들이 슬퍼하는 신부를 위로하고 있습니다.

9번 저장소 : 소방관 (돌고래/손전등)

돌고래가 뭍에서 죽어간다는 신고를 받고 출동한 소방관이 돌고래에게 계속 물을 퍼붓고 있습니다. 그러나 돌고래는 너무 오랫동안 뭍에 나와 있어서 숨이 넘어가기 직전입니다.

소방관이 응급처치를 하고 손전등을 이용해 돌고래의 눈을 살펴보면서 현재 상태를 진단하고 있는 장면을 그려보세요.

10번 저장소 : 불타는 건물 (기름/논쟁하다)

집에 불이 나서 119에 신고하니 소방차가 옵니다. 그런데 물을 뿌려야 하는데, 기름을 싣고 와서 불타는 건물에 뿌리는 바람에 불이 더욱 커집니다. 그래서 화가 나서 소방관에게 따지니 소방관이 잘못을 인정하지 않아 서로 논쟁하고 있는 장면을 그려봅니다.

자, 20개의 무작위 단어를 그림1의 소방서 기반의 각 저장소에 2개씩 나누어 모두 결합했습니다. 어떤가요? 어렵지 않지요? 아마 각 저장소에 결합(저장)하는 방식이 좀 낯설 수 있을 텐데, 결합방법에 대해서는 추후 다시 설명할 예정이니, 지금은 시범을 보인 대로 자유롭게 상상하여 결합을 한다고 생각하면 되겠습니다.

재생=리콜

그럼 20개의 단어가 머릿속에 제대로 저장되었는지 검증을 해보도록 하겠습니다.

기억된 것을 재생(리콜)할 때에는 외운 대상을 직접 기억해내려고 하는 것이 아니라 이미 장기 기억으로 자리 잡은 마인드 팰리스에 방문하여 각 저장소에 링크된 이미지를 떠올려 다시 원래의 정보로 바꾼다고 했습니다.

즉, 첫 번째 단어가 무엇이며, 두 번째 단어가 무엇인지 외운 단어를 직접 생각하는 것이 아닙니다. 단어를 저장한 기반을 떠올리는 것입니다. 그럼 표9의 무작위 단어 목록은 보지 않고, 그림 소방서 기반만 다시 한 번 보면서 기억을 더듬어보겠습니다.

먼저 소방서를 방문하도록 하겠습니다. 소방서 로비의 TV에는

리우 올림픽이 생중계되고 있습니다. TV 앞에 소방장화를 신은 ①고양이가 손연재 선수의 ②리듬체조 동작을 열심히 따라하고 있는 장면이 보이나요?

다음으로 소방서 앞에 주차되어 있는 소방차에 소방관으로 변장한 ③사기꾼이 타고 급히 도망치다 집채만 한 ④수박과 정면으로 충돌하는 황당한 장면이 보입니다.

소방차 옆의 소방 헬기를 보니 헬기 프로펠러의 거센 바람 때문에 ⑤머리카락이 망가져 ⑥지나가던 사람의 웃음거리가 되었던 창피한 기억이 떠오릅니다. 또 소방 헬기 옆에 있는 눈부시게 하얀 구급차 때문에 ⑦선글라스를 썼다가 앞이 잘 안 보여 ⑧우물에 빠진 적이 있었죠?

소방 도끼로 킹콩이 사랑하는 앤의 ⑨치마 속을 훔쳐보다 ⑩킹콩에게 걸려서 크게 혼이 났었고, 집에 침입한 말벌을 내쫓기 위해 ⑪무거운 소화기를 낑낑대며 들고 ⑫말벌을 퇴치하려 했으나, 오히려 온 집안이 벌집이 된 기막힌 일도 있었습니다.

소방 마스크를 보니 지하철역에서 ⑬좋아하는 여자를 만나자 ⑭신문과 소방 마스크로 얼굴을 가린 용기 없던 시절도 기억이 나지만, 소방 사다리를 이용해 모두가 보는 앞에서 용기 있게 신부에게 ⑮반지를 끼워준 적도 있었습니다. 비록 사다리에서 떨어져 ⑯휠체어 신세를 졌지만 말이죠.

불을 끄고 있는 소방관을 보니 예전에 ⑰돌고래를 살리려고 물을 붓고 ⑱손전등으로 숨이 붙어 있는지 살펴보던 착한 소방관이 생각납니다. 반면에 불타는 건물에 ⑲기름을 붓자 항의하던 나에게 큰

소리치며 ⑳논쟁하던 나쁜 소방관도 생각이 납니다.

어떤가요? 여러분도 한번 눈을 감고 20개의 단어를 외워 보기 바랍니다. 만약 소방서 기반을 아직 다 외우지 못했다면, 그림1을 직접 보면서 기억해도 좋습니다. 실제로 대회에 나갔을 때 마인드 팰리스가 충분하지 않은 경우 현장에서 즉석으로 기반을 만들기도 합니다. 대회장에 앉아 있는 내가 본 풍경을 가지고 말이지요. (TIP 즉석 기반 만들기 참조, 116쪽)

아마 대부분 15개 이상의 무작위 단어를 기억하고 있을 것입니다. 놀랍지 않나요? 더 놀라운 것은 이러한 기억이 지속이 된다는 것입니다. 채 5분도 가지 못했던 사전 테스트와는 달리 예시와 같이 외운 20개의 단어는 몇 시간이 지나도 기억이 날 것입니다. 만약 반복을 한다면 더 오랫동안 기억이 되겠지요.

이것이 바로 마인드 팰리스입니다. 처음 생각보다 간단하지요? 그림1은 가상의 궁전이므로 외우는 데 조금 시간이 걸린 분이 있을 것입니다. 하지만 현실에 존재하지 않는 가상의 궁전보다 현실에 존재하는 공간을 기반으로 한 마인드 팰리스가 더욱 많이 활용되므로 기반을 외우는데 많은 시간이 소요되지는 않습니다.

그럼 지금부터 생활 속에서 흔히 볼 수 있는 본인 주변의 건물이나 풍경을 이용해 나만의 마인드 팰리스를 만드는 방법을 알아보도록 하겠습니다.

일상의 모든 것이
기억저장소

앞서 소개한 기억법의 아버지라고 불리는 시모니데스의 일화를 기억할 것입니다. 시모니데스가 연회장이 무너지기 전에 보았던 장면을 머릿속으로 생생하게 떠올린 것처럼 우리도 똑같이 일상을 기억할 수 있습니다.

눈을 한번 감아볼까요? 아니, 눈을 떠도 좋습니다. 본인이 가장 잘 알고 있는 장소를 떠올려보세요. 아마도 자신의 방을 먼저 떠올리는 사람들이 가장 많을 것 같습니다.

침대, 책상, 의자, 스탠드(책상 등), 컴퓨터, 액자, 휴지통 등등 내 방의 어디에 무엇이 있는지 정확히 알고 있을 것입니다.

이제 방문을 열고 나가볼까요? 거실에는 무엇이 보이나요? 주방과 화장실에는 또 무엇이 있나요? 이제 집 밖으로 나가보겠습니다.

학생이라면 학교로 가도록 하겠습니다. 학교 가는 길의 좌우에는 무엇이 있나요? 교문을 지나면서 무엇이 보이나요? 복도를 지나 교실에 들어서면 또 무엇이 보이나요?

만약 직장인이라면 직장으로 가도록 하지요. 출퇴근할 때 이용하는 버스정류장이나 지하철역이 그려지나요? 회사 1층 로비에는 무엇이 있나요? 사무실에 들어서면 또 무엇이 보이나요?

어떤가요? 눈으로 보듯이 생생하게 그려지나요? 방금 떠올린 모든 장소는 마인드 팰리스로 사용할 수 있습니다. 흐릿하고 불분명하게 떠올라도 괜찮습니다.

어차피 실제 장소, 특히 자주 가는 공간을 마인드 팰리스로 만드는 경우에는 해당 장소에 방문할 때마다 자연스럽게 복습이 되므로 조금만 주의를 기울이면 아주 쉽게 익힐 수가 있습니다.

기억력스포츠대회에서는 마인드 팰리스가 일상화(자동화)가 되어 있어야 합니다. 대회에서는 마인드 팰리스 그 자체를 떠올릴 시간이 없습니다. 아주 자연스럽게 본인의 마인드 팰리스가 머릿속에 떠올라야 합니다.

예를 들어 제한된 시간 안에 최대한 많은 과일을 바구니에 담아야 하는 경기를 할 때 과일을 담을 바구니는 당연히 옆에 준비가 되어 있어야 하는 것과 같습니다. 과일을 주운 후에 바구니가 어디에 있는지 혹은 어느 바구니에 넣을지 생각하면 이미 늦습니다.

그럼 지금부터 자신만의 마인드 팰리스를 만들어 보도록 하지요. 구체적으로 시각화할 수 있는 장소라면 무엇이든 마인드 팰리스가 될 수 있습니다.

마인드 팰리스가 될 수 있는 장소

앞에서 설명한 집, 학교, 직장 등 일상적인 공간을 포함해 본인이 직접 가보지 않았다고 하더라도 실제 소재하는 풍경, 유적지, 관광지, 유명한 건물도 가능하며, 사람의 신체 자체도 마인드 팰리스가 될 수 있습니다. 즉, 구체적 형상을 가진 장소라면 모두 마인드 팰리스로 만들 수 있습니다.

이때 구체적인 형상은 반드시 물리적인 공간만을 의미하지 않습니다. 구체적으로 시각화할 수 있는 공간이라면 실재하지 않더라도 상관없습니다.

예컨대, 가상의 그림이나 가상의 공간인 게임 속 공간을 마인드 팰리스로 만드는 사람도 있습니다. 게다가 요새는 가상현실 콘텐츠가 많이 나오므로 가상현실 공간도 마인드 팰리스가 됩니다.

가상현실 공간도 마인드 팰리스가 될 수 있다

일상 속 기억의 궁전이 될 수 있는 장소들

그림 그리기에 재주가 있는 사람이라면 직접 마인드 팰리스를 그려 만들어도 좋습니다. 실재하건 실재하지 않건 본인이 오래 머무르거나 자주 방문하는 장소를 마인드 팰리스로 사용하는 것이 익히기도 쉽고 사용하기도 쉽습니다.

장소를 정하는 방법

대부분의 기억력스포츠 선수들은 가상의 공간보다는 현실의 공간, 그 중에서도 본인이 자주 방문하는 익숙한 곳을 마인드 팰리스로 사용합니다. 가상의 공간이나 자주 방문하지 않는 공간을 마인드 팰리스로 사용한다면 잊지 않기 위해 주기적으로 반복해서 익혀두어야 하지만, 실제로 본인이 자주 가는 곳을 사용한다면 자연스럽게 반복이 되므로 애써 연습하지 않아도 되기 때문입니다.

마인드 팰리스를 만들기 위해 가장 먼저 해야 할 일은 기반으로 삼을 장소를 정하는 것입니다. 앞에서 본인이 자주 가는 익숙한 곳으로 하는 것이 좋다고 했습니다. 그러면 직장인이 일상생활에서 자주 가는 장소를 한번 살펴보겠습니다.

아침에 알람소리에 잠을 깹니다(방). 샤워를 하고(화장실), 식사(주방 또는 거실)를 한 후 출근준비를 하고 집을 나섭니다. 버스정류장에 가서(버스정류장까지의 풍경) 버스를 타고 직장 근처 정류장(하차 정류장의 풍경)에서 내립니다. 회사로 걸어가(회사까지의 풍경) 입구에(회사 전경) 들어가서(회사 로비) 엘리베이터를 타고 사무실로 들어갑니다(사무실).

어느덧 12시가 되어 점심식사를 하러 갑니다(구내식당). 점심을 먹고 동료들과 커피를 마시거나(커피숍) 산책을 합니다(산책코스).

어떤가요? 생각보다 많지요? 이외에도 지금은 자주 갈 수 없는 추억의 장소도 좋습니다. 예컨대, 학창시절을 보냈던 출신 학교나 어릴 적 살던 집, 고향의 길거리, 군대, 기억에 남는 여행지 등 많겠지요. 또한 아직 가보지 못했지만, 유명한 관광지 등 한번 방문해보고 싶은 장소도 괜찮습니다.

참고로 추억의 장소나 유명한 관광지는 굳이 직접 가지 않아도 포털 사이트의 위성지도를 이용하면 지구 어디든지 컴퓨터나 스마트폰 화면으로 생생하게 볼 수 있으므로 얼마든지 기반으로 만들 수 있습니다.

큰 공간을 기반으로 만들어도 좋고, 작은 공간을 사용해도 좋습니다. 처음에는 본인에게 편하고 익숙한 공간부터 시작해서 하나씩 하나씩 확장하는 것이 좋습니다.

일반적으로 가장 먼저 익힌 기반(기억의 방)은 나중에 실전에서 자주 쓰이는 주요 기반 중 하나가 되므로 같이 한번 잘 만들어보도록 하지요.

어느 곳을 첫 번째 마인드 팰리스로 만들지 정하셨나요? 대부분 본인이 거주하는 집을 1순위로 합니다. 왜냐하면 본인이 계속 살아왔고, 지금도 살고 있는 곳이므로 눈을 감더라도 어디에 무엇이 있는지 알 수 있을 정도로 가장 잘 알고 있는 공간이기 때문입니다. 그리고 여간해서는 집의 가구 배치는 잘 바뀌지 않기 때문입니다.

그림2. 어지러운 방 : 기억의 궁전의 나쁜 예

디지털 카메라나 스마트폰으로 사진 찍기

집에서 주요 장소를 디지털 카메라나 스마트폰의 사진 기능을 활용하여 사진을 찍어보세요. 매일 보는 공간이라 하더라도 처음에는 사진을 찍어서 정리하는 것이 좋습니다. 거실, 큰방, 작은방, 화장실, 주방, 베란다 등 집은 비교적 작은 공간이지만, 의외로 많은 기억의 궁전을 만들 수 있습니다.

사진을 찍을 때는 그림2처럼 어지러운 상태에서 찍는 것보다는 정돈된 상태에서 찍는 것이 기억하기에 좋습니다. 물론 기억저장소를 늘리기 위해 의도적으로 방 곳곳에 물건을 많이 배치하여 기억의 방(기반)으로 삼을 수도 있지만, 처음에는 매일 보는 상태 그대로 찍으면 됩니다.

다 찍으셨나요? 방금 사진 찍은 곳은 모두 기반(기억의 방)으로 활용할 수 있습니다. 이 책에서는 집의 주요 장소 중에서도 가장 넓고 다양한 물건이 있으며, 여간해서는 가구 배치가 잘 변하지 않는 거실을 나만의 마인드 팰리스로 같이 만들어보겠습니다.

기억저장소 지정하기

기억저장소는 마인드 팰리스 각 방(기반) 안에서 기억할 대상을 저장(결합)하는 곳을 말합니다. 보통 구체적인 형상을 가진 사물을 저장소로 삼는데, 예컨대 거실이라면 TV나 소파가 저장소가 될 수 있고, 그림1 소방서 기반에서는 1번부터 10번까지 10개의 그림이 모두 저장소가 됩니다.

그럼 내 방을 기억의 방으로 삼아 가만히 눈을 감고 상상해 보겠습니다. 문을 열고 내 방에 들어갑니다. 정면에 책상이 보입니다. 책상 위에는 노트북과 스피커가 있습니다. 책상 옆에는 책장이 있네요. 책장에 책이 가득 꽂혀 있습니다. 책장 옆에는 스탠딩 옷걸이가 있으며, 옷걸이 옆에 침대가 있습니다.

여기서 내 방이 바로 기억의 방(기반)이 되는 것이고 책상, 노트북, 스피커, 책장, 책, 스탠딩 옷걸이, 침대 등이 바로 저장소가 되는 것입니다. 바로 여기에 외워야 할 것을 저장하는 것입니다.(저장하는 방법은 추후 다시 설명하겠습니다.)

그리고 기억을 되살릴 필요가 있으면 외운 것을 직접 기억하는 것이 아니라 내 방(기반)에 들어가 기억을 저장한 물건(저장소)에 링크된 정보를 빼내는 것입니다. 즉, 기억 재생을 할 때에는 마인드 팰리스를 거닐면서 각 방(기반)의 저장소에 링크된 이미지를 리콜(재생)하여 다시 원래의 정보로 바꾸어(역변환) 재생하는 것입니다.

- 책상에 저장한 정보를 되살리기 위해서는 책상을 봅니다.
- 노트북에 저장한 정보를 되살리기 위해서는 노트북을 봅니다.
- 스피커에 저장한 정보를 되살리기 위해서는 스피커를 봅니다.
- 책장에 저장한 정보를 되살리기 위해서는 책장을 봅니다.
- 책에 저장한 정보를 되살리기 위해서는 책을 봅니다.
- 스탠딩옷걸이에 저장한 정보를 되살리기 위해서는 스탠딩옷걸이를 봅니다.
- 침대에 저장한 정보를 되살리기 위해서는 침대를 봅니다.

이해가 가시나요? 아직은 잘 이해가 안 되지요? 걱정하지 마세요. 지금부터 다시 자세하게 설명해 드리겠습니다.

기억저장소의 개수

처음에 마인드 팰리스를 만들 때는 1개의 기반에 몇 개의 기억저장소를 만들 것인지 고민이 될 겁니다. 결론부터 말씀드리면 건축주 마음대로입니다. 본인이 감당할 수 있는 만큼 만들면 됩니다. 10개를 만들어도 되고, 100개를 만들어도 됩니다. 단, 가능하면 10의 배수 단위로 만드는 것이 관리하기 편합니다. 만약 기억력스포츠의 특정 종목 전용 기반을 만든다면 해당 종목의 특성에 맞게 저장소의 수를 조절하시면 됩니다.

일반적으로 저장소의 개수는 해당 공간에 있는 물건의 수에 비례합니다. 따라서 어떤 공간은 물건이 별로 없어서 10개의 저장소만 겨우 만들 수 있는 반면, 물건이 많고 큰 공간은 100개의 저장소도 만들 수 있습니다.

보통 한 공간에는 10개 이상의 사물이 있기 마련이므로 한 방에 최소 10개 이상 지정합니다. 10개 미만의 사물이 있는 공간은 비효율적이므로 가능하면 기반으로 삼지 않도록 합니다. 세상에 무수히 많은 공간이 있는데, 군이 용량이 적은 기반을 둘 이유는 없겠지요.

초보자의 경우 하나의 기반(방)에 10개의 저장소만 만들기를 권합니다. 한 기반에 10개만 만들어도 기억력스포츠를 하기에는 충분하므로 군이 처음부터 욕심을 부릴 필요는 없습니다. 필요하다면 점차적으로 늘려나가면 됩니다.

단, 본인의 집이나 직장처럼 아주 익숙한 곳은 20개, 30개 또는 그 이상을 지정해도 무방합니다. 또한 특징적인 물건이 매우 많은 곳이라면 10개만 만드는 것이 오히려 비효율적이겠지요. 이럴 경우에는 20개, 30개 또는 그 이상을 해도 되지만, 10개 이상을 만드는 경우에는 구역을 나누어 저장소를 지정하면 좋습니다.

예컨대, 특정한 공간에 사물이 너무 많아 30개의 저장소를 만들고자 한다면, 해당 공간을 좌左·중中·우右 또는 상上·중中·하下로 3분하여 각각 10개씩 나누어 배치를 하면, 기반을 구축하기 쉬울뿐더러 몇 번째 저장소가 어디에 위치하고 있는지 쉽게 알 수 있을 것입니다.

물론 10개만 만드는 경우도 이런 식으로 나누어서 해도 되지만,

경험상 10개까지는 굳이 그렇게 하지 않아도 직관적으로 알 수 있으니 굳이 그럴 필요는 없습니다.

이 외에도 한 기반(방)에 많은 저장소를 만들 경우 눈에 띄는 사물에 특징적인 번호(11, 21 …)를 배치해도 되며, 본인 나름대로 규칙을 만들어 순서를 지정해도 됩니다.

기억저장소 지정방법

저장소를 지정할 때는 왼쪽에서 오른쪽으로(→), 위에서 아래로(↓), 시계 방향으로(↶), 반시계 방향으로(↘) 등 본인에게 편한 기준을 적용해서 일관적으로 순서를 정하는 것이 좋습니다. 하지만 각 공간(기반)의 특징에 따라 또는 해당 공간에서 본인의 이동 경로에 따라 융통성 있게 맞춤형으로 순서를 정해도 됩니다.

그리고 눈에 띄는 사물을 저장소로 정하되 너무 작은 사소한 것이나 반대로 너무 큰 것은 배제하는 것이 좋습니다. 또한 저장소 사이의 거리가 너무 가까이 있는 것도 좋지 않으며, 같은 방(기반)에서 형태와 성질이 비슷한 사물을 각각 저장소로 삼는 것도 배제하기 바랍니다.

노파심에서 부연하자면 위에서 설명한 것은 일반적인 경우입니다. 아주 사소한 것이나 너무 가까이 붙어 있는 것이라도 본인이 느끼기에 눈에 띄고 명확히 구분이 된다고 생각하면 얼마든지 저장소가 될 수 있습니다.

그림3. 원룸 이미지

예컨대, 볼펜, 연필, 샤프, 만년필이 나란히 붙어 있을 경우 크기, 형태, 용도가 비슷하므로 보통은 각각 저장소로 만들지 않습니다. 하지만 본인 스스로 4개의 물건이 명확하게 구분되고, 전혀 다른 물건이라고 느낀다면 얼마든지 개별 저장소가 될 수 있습니다.

기억저장소 지정하기 : 실습

그럼 한번 실습을 해볼까요? 처음이니 비교적 간단한 그림으로 시작해보겠습니다.

그림3은 원룸을 이미지화한 것입니다. 앞서 하나의 기반에 10개의 저장소를 만드는 것을 권한다고 했습니다. 그럼 그림3 원룸에서

10개의 저장소를 찾아서 번호를 붙여보세요.

저장소를 다 지정하셨나요? 저장소가 많지 않아서 아마 대부분 같은 물건을 지정했을 것입니다. 대신 순서는 조금씩 다르겠지요. 그럼 같이 한번 해보겠습니다.

먼저 방 안의 특징적인 사물은 다음과 같습니다.

전등 에어컨 액자 난로 램프 옷장 침대

눈에 띄는 위 7개의 물건은 크기도 적당하고 형태와 기능도 제각각이라 저장소로 삼기에 적합합니다. 그런데 저장소 10개를 만들라고 했습니다. 그렇다면 3개를 더 찾아볼까요? 제가 저장소를 어떻게 찾아서 늘리는지 잘 보시기 바랍니다. 그러면 저장소를 어떻게 통합하는지도 자연히 알 수 있을 것입니다.

먼저 에어컨을 연결하는 콘센트가 보입니다. 콘센트는 작고 사소한 물건이므로 보통 방에 특징적인 물건이 많다면 제외하지만, 그렇다고 저장소로 쓸 수 없는 것은 아니므로 콘센트를 저장소로 하겠습니다.

다음으로 침대를 보겠습니다. 다른 물건은 분리했을 경우 분리된 물건을 독자적으로 언어화하여 인식하기 힘들지만 침대는 베개, 이불, 매트리스, 프레임 등으로 분리해도, 각각이 독자적 명칭을 가지고 있어 쉽게 인식할 수 있습니다.(먼저 일상적인 언어로 인식할 수 있어야 이미지로 바꾸기 편합니다.)

따라서 침대를 베개, 이불, 매트리스+프레임의 3개 저장소로 바

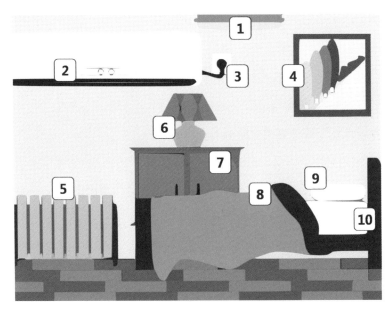

그림4. 기억의 방(기반) : 원룸 이미지

꾸겠습니다.

그러면 다음과 같이 10개의 저장소가 정해집니다.

전등 에어컨 콘센트 액자 난로 램프 옷장 베개 이불 매트리스+프레임

저장소를 찾았다면 반드시 저장소 사이의 순번을 정해야 합니다. 여기서는 왼쪽에서 오른쪽으로(→), 위에서 아래로(↓)를 병행해서 순번을 부여해 보겠습니다. 즉, 그림을 상중하 또는 상하로 나누어 왼쪽에서 오른쪽으로 번호를 부여하는 것입니다.

그러면 최종적으로 그림4와 같이 됩니다.

기억저장소 순서 정하기 : 질서 있게 구축

앞에서 거실을 나만의 마인드 팰리스로 만들기로 결정했습니다. 그리고 기억저장소를 지정하는 방법에 대해 예시를 통해 설명했습니다. 또한 저장소에 순번을 부여하는 방법에 대해서도 얘기했습니다.

여기서는 거실을 기반으로 만들기에 앞서 기반 순서 정하는 법에 대해 좀 더 자세하게 알아보도록 하겠습니다. 마인드 팰리스를 만들 때는 순서가 아주 중요합니다. 특히 기억력스포츠에서는 순서대로 리콜을 해야 하는 종목이 대부분이므로 순서를 반드시 기억해야 합니다.

마인드 팰리스 각 방 내에서 각 저장소의 순서를 정하는 것은 필수이지만, 각 기억의 방(기반) 사이에서도 순서를 정해야 합니다. 호

호텔처럼 질서 있게 구축하라

텔이나 아파트처럼 질서 있게 구성된 궁전과, 지도가 없으면 미로처럼 헤매기 쉬운 궁전 중에 어느 곳이 더 효율적이고 체계적으로 기억의 궁전을 운용할 수 있는지는 자명합니다. 따라서 본인 나름의 질서를 만들어 마인드 팰리스를 구축하도록 해야 합니다.

예컨대, 마인드 팰리스에서 1층은 집을 기반으로 만들고, 2층은 직장을 기반으로, 3층은 추억의 장소를, 4층은 가상의 공간을 이용해서 구축할 수 있습니다.

그렇다면 1층 101호실은 본인의 방, 102호실은 거실, 103호실은 주방, 104호실은 화장실, 105호실은 베란다… 등으로 구성할 수 있겠고, 2층 201호실은 직장 전경, 202호실은 회사 로비, 203호실은 사무실, 204호실은 회의실, 205호실은 휴게실…등으로 구성할 수 있습니다. 3층과 4층도 마찬가지로 구성이 되겠지요.

위의 예시는 사람의 이동 경로에 따라 구성했지만 정답은 없습니다. 이처럼 본인 나름의 질서와 체계를 가지고 일정한 순서에 따라서 마인드 팰리스를 구성해놓는다면 좀 더 효율적으로 머릿속의 기억을 운용할 수 있습니다.

거실을 마인드 팰리스로 만들기 : 저장소 지정

지금부터 거실을 마인드 팰리스로 만들어 보도록 하지요.

다음 면의 그림5는 거실 사진입니다. 이것을 10개의 저장소를 가진 기억의 방(기반)으로 만들 것입니다. 장소를 정했으니 이제 해야

그림5. 거실 이미지

할 일은 10개의 저장소를 추출하는 일입니다. 앞서 말했듯이 저장소
는 적당한 크기를 가지고 있어 눈에 잘 띄고, 다른 저장소와 구분되
는 형태를 가진 사물이 좋습니다.

먼저 커다란 가죽 소파가 보입니다. 눈에 띄는 크기에 저장(결합)
도 잘 될 것 같습니다. 저장소로 삼지 않을 이유가 없습니다.

소파 앞에는 탁자가 있군요. 그리고 바닥에는 러그가 있습니다.
소파-탁자-러그는 눈에 띄면서도 각각 구분되는 형태를 가지고 있
고 용도 또한 다릅니다. 그러므로 3개 모두 저장소로 삼도록 하겠습
니다.

소파 뒤에는 큰 창문이 있고, 창문에는 커튼이 처져 있습니다. 창
문 왼쪽 벽에 액자가 보이네요. 액자 아래에 하얀색 서랍장이 있고,
그 위에 화분과 유리병이 있습니다. 창문-커튼-액자-서랍장-화분-

유리병은 적당한 크기에 구분되는 형태를 가지고 있으므로 모두 저장소가 될 수 있습니다.

하지만 거실에서는 저장소를 10개만 취하기로 했으므로 일단 커튼-액자-서랍장-화분 4개만 취하도록 하겠습니다. 창문은 커튼으로 가려져 있으므로 커튼과 합치고, 유리병은 화분과 가까이 있으므로 제외했습니다.

왼쪽 벽에는 TV선반장이 있고, 그 위에 TV가 있습니다. TV 위에는 벽선반이 있고 그 위에 책이 꽂혀 있습니다. 그 위로 사진 액자가 보이네요. TV선반장 옆에는 큰 장식장이 있고, 그 안에 유리컵이 보입니다. TV선반장-TV-벽선반-책-액자-장식장-유리컵 모두 저장소가 될 수 있지만, TV-벽선반-책-유리컵 4개를 취하도록 하겠습니다. TV선반장은 TV와 합치고, 액자는 앞에서 저장소로 취한 것과 비슷하므로 제외하고, 장식장은 TV선반장과 기능이 중복되는 부분이 있으므로 제외하겠습니다. 마찬가지 이유로 앞서 취했던 화분 아래의 서랍장도 제외하겠습니다.

그러면 다음과 같이 10개의 저장소가 완성됩니다.

소파 탁자 러그 커튼 액자 화분 TV 벽선반 책 유리컵

물론 그림5의 거실에는 20개 정도의 물건이 있으므로 저와 다르게 구성해도 됩니다. 정답은 없습니다. 본인이 느끼기에 적합하다고 생각하는 것이 바로 정답입니다.

거실을 마인드 팰리스로 만들기 : 저장소 순서

　　　　　　　　　그럼 이제 각 기억저장소의
순번을 정해보겠습니다. 어떤 기준으로 순번을 정해볼까요?

　저는 집에 오면 가장 먼저 하는 행동이 있습니다. 소파에 앉아서
TV를 켜는 것이지요. 여기서는 소파를 시작으로 먼저 TV쪽 벽으로
간 다음 오른쪽으로 이동합니다. 그러면 그림6과 같이 소파를 기준
으로 시계 방향으로(↻) 순번을 정한 것과 같이 됩니다.

　자, 이제 모두 끝났습니다. 이제 이 거실 기반을 머릿속에 입력하
기만 하면 됩니다. 거실은 매일 봐왔고, 또 매일 보는 공간이므로 큰
노력을 들이지 않아도 쉽게 장기 기억으로 머릿속에 구축할 수 있을

그림6. 기억의 방(기반) : 거실

① 소파　② 탁자　③ 러그　④ TV　⑤ 벽선반
⑥ 책　　⑦ 유리컵　⑧ 액자　⑨ 화분　⑩ 커튼

것입니다.

한번 제대로 구축이 되었는지 검증해 볼까요? 한번 눈을 감고 거실 기반의 기억저장소를 순서대로 빠르게 떠올려보세요. 거꾸로도 한번 떠올려보세요. 잘 떠오르나요? 그렇다면 성공적으로 마인드 팰리스를 만든 것입니다.

같은 방식으로 기억저장소를 100개만 만들어서 익혀보세요. 한 방에 10개의 저장소를 만들라고 했으니, 총 10개의 기억의 방을 만들면 됩니다. 한 방에 저장소를 20개씩 만든다면 5개의 기반이면 되겠지요. 일반적으로 사람들이 매일 방문하는 공간은 최소한 열 곳은 넘을 것입니다. 거주하는 집과 직장(또는 학교)만 해도 열 곳은 금방 만들 수 있습니다.

앞에서 언급한대로 먼저 장소를 결정하고 기억저장소를 지정하여 순번을 매긴 후, 스마트폰으로 사진을 찍어서 체계적으로 정리하여 머릿속에 구축하면 됩니다.

자주 방문하는 실제 장소를 기반으로 한 경우에는 해당 장소에 방문할 때마다 지정한 기억저장소를 순번대로 한 번씩 유심히 보면 되고, 자주 가지 않거나 가상의 장소를 기반으로 한 경우에는 주기적으로 사진을 보면서 외워두면 됩니다.

기억저장소 강화하기

이제 나만의 마인드 팰리스를 완성했습니다. 그리고 마인드 팰리스를 외워서 장기 기억으로 머릿속에 입력했습니다.

그럼 이제 끝난 것일까요? 물론 마인드 팰리스가 제대로 작동하고 있다면 그대로 잘 활용하면 됩니다. 하지만 실제 건축물도 비슷하게 지었다고 해서 다 같은 건축물이 아니듯이, 마인드 팰리스도 질적인 차이가 존재합니다.

마인드 팰리스를 사용하다 보면 저장(결합)이 잘되는 기억저장소가 있는 반면, 저장이 잘 안 되어 기억 재생에 어려움을 겪는 저장소도 있습니다.

왜 그럴까요? 어떤 이유로 이러한 차이가 발생할까요?

가장 큰 이유는 저장(결합)방식의 차이 때문입니다. 즉, 리콜이 잘되는 방식으로 결합했다면 리콜에 큰 어려움이 없을 텐데, 리콜하기 어려운 평범한 방법으로 결합했기 때문에 리콜이 잘 되지 않는 것입니다.

그런데 어떤 저장소는 리콜이 잘 되는 결합방법을 사용하기 쉬운 반면, 어떤 저장소는 그러한 방법을 적용하기 힘든 경우가 있습니다. 즉, 저장소 자체의 질적 차이가 결합방식 선정에 영향을 준다는 것입니다. (결합방식에 대해서는 뒤에서 자세히 설명하도록 하겠습니다.)

기억저장소 강화하기란 바로 리콜(재생)이 잘되는 결합방법을 적용하기 쉬운 상태의 기억저장소를 만드는 것을 말합니다.

어떠한 대상이라도 저장하기 쉽게 기억저장소를 말랑말랑하고 유연하게 만들고, 저장된 것을 잃어버리지 않도록 보안설비를 장착하는 것입니다.

기억저장소 강화법의 예시

기억저장소를 강화하는 첫 걸음은 저장소에 대해 더욱 잘 알려고 하는 자세에서 출발합니다. 본인의 기억저장소에 대한 이해도가 높을수록 저장을 할 때 리콜이 잘 되는 결합방법을 사용하기 쉬워집니다. 저장소에 대해 완벽하게 파악하고 있다면, 그리고 올바른 결합방법을 사용했다면 당연히 리콜이 잘 될 수밖에 없습니다.

앞서 거실을 기반으로 만들어보았습니다. 그러면 거실로 만든 기반을 한번 강화해보겠습니다. 여기서는 그림6을 이용하여 저장소를 강화하는 방법을 보여드리겠지만, 여러분은 저의 시범을 참고하여 본인의 거실에서 직접 강화하시면 됩니다.

강화하는 방법은 간단합니다. 앞에 언급했다시피 저장소를 잘 이해하고 파악하는 것입니다.

저장소를 눈으로만 보지 말고 직접 만져보고 손으로 느껴보세요. 정면에서만 보지 말고, 위에서도 보고, 양옆에서도 보고, 아래에서도 보고, 뒤에서도 보세요. 냄새도 맡아보세요. 혹시 저장소에서 소리가 나나요? 어떤 소리가 들리나요? 소리가 나지 않는 물건이라면 한번 두드려보세요. 어떤 소리가 들리나요? 저장소의 맛은 어떤가요? 맛볼 수 없거나 먹을 수 없는 물건이라면, 만약 맛으로 표현한다면 어떤 맛이 어울릴지 생각해보세요. 이렇게 오감을 동원하여 저장소를 느껴보세요. 이것이 바로 저장소를 강화하는 방법입니다.

조금 더 응용해볼까요? 저장소는 물건이라 스스로 움직이지 않지요? 그렇다면 저장소에 생명력을 부여해보겠습니다.

저장소가 살아 움직이고 있다고 상상해보세요. 저장소가 살아 있다면 어떻게 움직일지 생각해보세요. 저장소가 옷을 입는다면 어떤 옷을 입을까요? 저장소가 그냥 움직이는 것이 아니라, 리얼하고 생동감있게 움직인다고 상상해보세요.

기억의 방 거실의 1번 저장소는 가죽 소파입니다.

매일 소파에 앉았겠지만 그동안은 소파 그 자체를 느낀 적은 없었을 것입니다. 소파 그 자체를 느끼려는 목적을 가지고 앉아보세요. 느낌이 어떠한가요? 푹신한가요? 아니면 딱딱한가요?

가죽 소파 앞에는 탁자(2번 저장소)가 있습니다.

한번 손으로 탁자를 만져보세요. 표면의 질감을 손으로 온전히 느껴보세요. 차가운가요? 부드럽나요? 거친가요? 혹시 표면에 흠집이 있다면 그 흠집까지도 온전히 느껴보세요. 많이 알면 알수록 저장용량이 커집니다.

거실 바닥에는 러그(3번 저장소)가 깔려 있습니다.

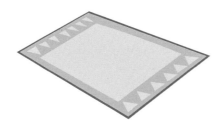

일어서서 러그 위를 걸어보세요. 평소에는 그냥 지나쳤겠지만, 러그의 문양도 한번 관심 있게 보기 바랍니다. 어떤 문양이 있나요? 그 문양을 보면 무엇이 떠오르나요? 이러한 문양 하나하나에도 정보를 저장할 수 있습니다. 그러려면 평소에 러그의 문양에 대해 관심을 가져야겠죠?

이제 고개를 들고 TV(4번 저장소)를 한번 볼까요?

아마 대부분 리모컨을 이용해 TV를 시청해왔지 TV를 직접 만져본 경험은 드물 것입니다. 또한 TV 뒤쪽은 거의 보지 못했겠지요? 지금 해보세요. 한번 TV를 만져봐서 촉감도 느껴보고, TV 뒤도 살펴보는 등 TV를 입체적으로 느껴보세요. TV를 그냥 평면적으로만 인식하면 결합(저장)을 할 때도 그냥 TV 스크린에 단순결합만 시키게 됩니다. 하지만 TV를 입체적으로 파악하면 또 다른 결합(저장)의 가능성이 생기는 것이지요.

이제 TV를 켜보세요. 무엇이 방영되고 있나요? 스크린에는 모든 것이 나올 수 있습니다. 공포영화를 좋아하는 사람 중에 TV를 보면 영화 〈링〉의 유명한 장면, 귀신이 TV 속에서 밖으로 기어 나오는 장면이 생각난다는 분이 계실 것입니다. 이는 굉장히 잘된 결합의 예시가 됩니다.

이제 시선을 위로 올려볼까요? TV 위에는 벽선반(5번 저장소)이 있습니다.

이번에는 한번 생명력을 부여해볼까요? 벽선반은 벽에 못으로 단단히 고정되어 있습니다. 움직이지 않게 고정이 되어서 답답하고 심심하지는 않을까요? 또한 벽선반 위에 있는 여러 물건 때문에 무겁지 않을까요? 만약 속박에서 벗어나 움직일 수 있다면 어떻게 움직일까요?

벽선반 위에는 책(6번 저장소)이 꽂혀 있습니다.

독서를 제외하고 책으로 무엇을 할 수 있을까요? 베개로 사용하거나, 받침대로 사용하는 것 말고 어떤 용도가 있을까요?

　무기로 사용하는 것은 너무 과격하니 여기서는 언급하지 않도록 하겠습니다. 의외로 다양한 용도로 이용할 수 있겠지요? 생각한 모든 용도가 결합(저장)에 사용될 수 있습니다.

　책의 오른편에는 큰 장식장이 있고, 그 안에는 유리컵(7번 저장소)이 가지런히 놓여 있습니다.

　장식용 유리컵이라 그런지 아주 고급스러워 보입니다. 이번에는 유리컵 안쪽을 한번 살펴보도록 하겠습니다. 만약 본인이 아주 작아져서 유리컵 안에 빠진다면 어떻게 될까요? 유리컵이 매우 미끄러워 보이므로 이 안에 빠진다면 주위의 도움 없이는 밖으로 못 나올 것만 같습니다.

　가까스로 유리컵 안을 탈출하여 오른 벽을 보니 액자(8번 저장소)가 걸려 있습니다.

액자의 그림은 무엇을 표현하고 있나요? 액자 속의 세상은 어떠할까요? 액자를 벽에서 떼어내어 액자 안의 사진을 꺼냈다가 다시 집어넣어 보세요. 오감을 동원해 액자와 관련된 정보를 얻어 보기 바랍니다.

액자 아래에 하얀 서랍장이 있고, 그 위에 화분(9번 저장소)이 있습니다.

화분에 대해 알기 위해 이번에는 무엇을 해볼까요? 화분에 심은 식물은 무엇인가요? 식물은 어떤 형태를 가지고 있고, 어떤 냄새가 나나요? 한번 식물을 화분에서 뽑아보겠습니다. 진짜로 뽑을 수는 없으니 상상으로 뽑아보겠습니다. 뽑고 난 후의 화분은 어떤 모양인가요? 식물의 뿌리는 또 어떻게 생겼을까요?

식물을 다시 화분에 옮겨 심고, 오른쪽을 보니 창문이 있고 그 위에 커튼(10번 저장소)이 처져 있습니다.

커튼으로 무엇을 할 수 있을까요? 커다란 천이므로 옷을 만들 수도 있겠고, 위급한 상황이 오면 커튼을 이용해 줄을 만들어 밖으로 탈출할 수도 있을 것 같습니다. 커튼이 달려 있는 커튼 봉이 아주 튼튼해 보입니다. 집에 강도가 침입하면 커튼 봉으로 강도를 집 밖으로 쫓아낼 수도 있을 것 같습니다.

지금까지 그림6의 거실을 기반으로 한 10개의 저장소를 강화해 보았습니다. 설명하기 위해 각 저장소마다 다른 강화방법을 사용했지만, 여러분이 실제로 강화를 진행할 때는 위에 소개한 모든 방법을 매 저장소마다 함께 적용하면 됩니다.

기억저장소 강화법 요약

기억의 궁전(마인드 팰리스)에 저장하는 정보를 나의 궁전에 찾아온 귀한 손님이라고 가정해 보겠습니다. 나는 이 손님(정보)을 오래도록 붙잡아두고 싶은데, 이 손님은 변덕이 심하고 금세 싫증을 내는 성격입니다. 그렇다면 나의 궁전에 오래도록 손님이 머무르게 하기 위해서는 끊임없이 나의 궁전을 새롭고 풍요롭게 만들어야 합니다. 만약 나의 궁전이 항상 깨끗하게 정돈되어 있을 뿐만 아니라, 궁전밖에는 볼 수 없는 재미있고 신비롭고 진귀한 것으로 가득 차 있다면 한번 들어온 손님들이 나가려고 할까요?

손님을 끄는 호텔, 이용후기가 좋은 호텔, 오래도록 머무르고 싶은 호텔은 어떤 호텔일까요? 여행을 많이 한 사람들이 공통적으로 꼽는 호텔을 고르는 기준 중 하나가 시설이 다소 낡았더라도 깨끗하고 정돈이 잘 된, 즉 관리가 잘 된 호텔입니다. 기억저장소의 강화는 비유하자면 호텔 관리와 비슷합니다.

기억이라는 손님이 오래 머무르게 하려면 기억의 방을 항상 깨끗하고 정돈된 상태로 관리를 해야 합니다.

또한 손님이 머무르는 방에 대해서는 완벽하게 파악하고 있어야 합니다. 방의 주인이 제대로 모르는데, 어떻게 손님에게 제대로 된 서비스를 할 수 있을까요?

신비롭고 풍요로운 궁전

강화의 핵심은 해당 저장소를 생생하게 입체화하면서 오감으로 느끼는 것입니다. 그냥 관념적인 단어 혹은 평면적 이미지로만 느끼지 말고, 저장소의 형태를 입체적으로 직접 보면서 색깔과 촉감과 냄새와 맛 등 오감을 이용해 종합적으로 이해하는 것입니다. 이렇게 하면 결합(저장)이 쉬워집니다. 평면적으로, 피상적으로, 개념적으로만 아는 기억의 궁전보다는 입체적이고 사실적으로, 그리고 온몸으로 체험하는 궁전이 훨씬 결합(저장)도 쉬워지고 리콜(재생)에도 유리합니다.

참고로 이는 기억의 궁전뿐만 아니라 저장할 이미지도 마찬가지로 적용이 됩니다. 특히 3장에서 살펴볼 기억시스템의 변환 이미지는 미리 정해져 있으므로 평소에 앞서 설명한 방식으로 이미지 강화를 해두시는 것이 좋습니다.

기억저장소 검증하기

각자의 마인드 팰리스에 실제로 정보를 저장해 보고 리콜을 해보면, 10개의 저장소가 모두 같지 않다는 것을 알게 될 것입니다. 즉, 저장(결합)이 잘 되는 저장소가 있는 반면, 저장이 잘 안 되는 저장소가 있습니다. 그리고 어떤 저장소는 리콜이 잘 되는데, 또 다른 저장소는 리콜이 잘 안 됩니다.

어떤 저장소는 결합을 강하게 하지 않고, 그냥 정보를 살짝 두고만 왔는데도 리콜이 잘 되는 곳이 있고, 간혹 어떤 저장소는 이중 삼중으로 결합했는데도 리콜이 잘 안 되는 곳이 있습니다. 리콜이 잘 안 되는 저장소의 경우에는 기본적으로 강화가 충분하지 않아서 그런 경우가 많으므로 더욱 강화를 해서 보강을 하면 됩니다.

만약 충분히 강화를 했는데도 불구하고 리콜이 잘 안 된다면(이런 경우는 극히 드물지만) 그것은 본인과 맞지 않는 저장소이므로 기반에서 제외해버리고 다른 것으로 대체하는 것이 좋습니다.

그리고 어떤 정보든 쉽게 결합이 되거나 충분히 강화를 하지 않았음에도 불구하고 리콜이 잘 되는 저장소는 본인의 기억 구조에 잘 맞는 것이므로 그러한 저장소의 특징을 잘 기억해두었다가 다른 방에서도 비슷한 형태의 물건을 찾아 저장소로 이용하시면 됩니다.

참고로 제가 사용하는 팁을 알려드리자면, 각 기반(기억의 방)의 에이스(결합과 리콜이 잘 되는) 저장소만 모아서 기반을 추가로 만들어도 됩니다. 일종의 올스타 기반이 되는 셈인데, 저는 이를 전략 종목용 기반으로 전용하여 사용합니다.

기억저장소는 얼마나 필요한가?

기억저장소는 많으면 많을수록 좋습니다. 굳이 기억력스포츠를 하지 않더라도 생활에 필요한 정보를 저장하거나 학습에 필요한 지식을 저장할 때도 유용하게 사용할 수 있기 때문입니다.

하지만 기억력스포츠만 한다면 즉, 기억력스포츠 전용 저장소라면 얼마나 필요할까요? 이는 기억력스포츠에서 자신이 목표하는 수준에 따라, 참가하는 대회에 따라, 그리고 사용하는 기억시스템에 따라 다릅니다.

만약 월드메모리챔피언십WMC에 참가하여 국제기억력마스터IMM 자격을 취득하는 것을 목표로 한다면 1,000개의 저장소는 갖추는 것이 좋습니다. 물론 더 있으면 좋겠지만 1,000개 정도만 있어도 국제기억력마스터IMM의 기준인 총점 3000점을 얻기에는 충분합니다. 하지만 국가기준을 적용하는 대회에 참가할 경우에는 300개 정도의 저장소만으로도 충분합니다. 그리고 어떤 기억시스템을 사용하느냐에 따라 같은 양의 정보를 처리하는 데 필요한 저장소의 수가 달라질 수 있습니다.

입문자의 경우 일단 저장소 100개를 목표로 만들어보기 바랍니다. 처음 만든 100개를 숙지한 후에 서서히 늘리기를 권합니다. 100개만 제대로 익혀도(기반 재사용 방법을 통해) 국가기준 적용 대회에 충분히 참가할 수 있습니다.

기반을 재사용할 수 있나요?

이미 정보를 저장한 기반에 다른 정보를 저장할 수 있을까요? 네, 물론입니다. 장기적으로 기억해야 할 정보가 아닌 이상 당연히 재사용할 수 있습니다. 오래 기억해야 할 중요한 정보라면 해당 기반은 재사용하지 말고 주기적으로 결합을 다지면서(반복) 정보가 유실되지 않도록 관리해야 하지만, 효용가치를 다한 정보를 저장한 기반은 재사용하면 됩니다.

특히 기억력스포츠에서 기반에 저장하는 정보(숫자, 카드 등)는 전혀 가치가 없는 정보입니다. 그러므로 연습을 위해서라도 빨리 손님(정보)을 호텔(마인드 팰리스)에서 내보내는 것이 좋습니다. 기억력스포츠 선수들이 기반에 입력한 정보를 제거(청소)하기 위해 사용하는 방법은 크게 3가지가 있습니다.

첫째, 단순하게 그냥 새로운 정보를 저장하는 것입니다. 연습용으로 사용되는 방법인데, 이 경우 리콜을 할 때 앞에 저장한 이미지와 뒤에 저장한 이미지 사이에 혼동이 올 수 있지만, 나중에 저장한 이미지가 결합력이 더 크고, 어차피 연습이기 때문에 크게 문제가 되지는 않습니다.

둘째, 일정한 시간 공백을 두고 재사용하는 방법입니다. 일반적으로 기반에 저장하면 비교적 오랫동안 저장되지만, 반복하여 결합을 다지지 않는 이상 계속 지속되는 것은 아닙니다. 시간이 지나면서 원래 이미지가 점차 옅어지기 마련입니다. 더구나 기억력스포츠 경기(또는 연습)에서 저장한 정보는 무의미한 정보이므로 옅어지는 속도는 더욱 빠릅니다. 통상적으로 선수의 실력에 따라 반복하지 않고 가만히 놔둘 경우 하루에서 사흘, 많게는 일주일이면 저장 정보의 대부분이 사라집니다. 또한 사람의 잠재의식에 연습용으로 기억한 정보는 전혀 중요한 정보가 아니라는 인식이 기본적으로 깔려있기 때문에, 연습할 때 암기한 정보는 생각보다 오래 지속되지 않습니다. 연습할 때는 보통 반나절에서 하루 정도 후에 재사용합니다. 이 정도 시간이면 이미지 혼동이 그렇게 크지 않기 때문입니다.

셋째, 재사용할 기반을 진공청소기 등으로 깨끗하게 치우는 상상을 한 후 재사용하는 방법입니다. 기반 청소를 할 때는 본인의 상상력과 인식력을 동원하여 정말 생생하고 리얼하게 청소할수록 효과가 높아집니다.

일반적으로 기억력스포츠 연습을 위한 기반 재사용에 대해서는 심각하게 생각할 필요가 없습니다. 왜냐하면 기억력스포츠는 무작위로 주어진 가치 없는 정보를 제한시간 내에 얼마나 더 많이, 더 빠르게 외울 수 있느냐를 겨루는 속도 경쟁 스포츠이므로(가치 있는 정보를 시간을 두고 외우는, 학습을 위한 정보 저장과는 달리) 결합력이 오래 지속되지 않기 때문입니다.

초보자의 경우 기반이 부족한 경우가 대부분입니다. 따라서 기억력스포츠를 연습할 때 사용했던 기반을 재사용하는 경우가 많이 생깁니다. 같은 기반을 바로 재사용한다면 이미지의 간섭이 일어날 수 있으므로 최소한 반나절 정도는 있다가 하는 것이 좋습니다. 하루에 몰아서 연습하지 말고 매일 조금씩 하거나 아침과 저녁으로 나누어 진행하면 됩니다.

저는 기반을 사용하고 대여섯 시간 정도 지난 후 세 번째 방법으로 기반을 깨끗이 청소하고 재사용하는 방법을 취하는데, 문제가 발생한 적이 거의 없었습니다. 간혹 이전에 저장한 정보가 강하게 결합되어 이미지의 간섭이 올 때가 있는데, 이때는 어떻게 결합을 했기에 아직까지 강하게 남아 있을까 역추적하여 결합의 아이디어를 얻을 때도 있습니다.

즉석 기반 만들기

자신의 마인드 팰리스 공간(기반)이 부족할 때에는 즉석에서 기반을 만들어 사용할 수도 있습니다. 단, 즉석에서 만든 기반은 머릿속에 장기 기억으로 확립된 것이 아니므로, 저장(결합)과 재생(리콜)을 할 때 기반 자체가 자연스럽게 떠오르지 않는 경우가 생기기 때문에, 가능하면 눈에 보이는 곳을 이용하여 만들어두는 것이 좋습니다. 즉, 즉석 기반을 직접 눈으로 보면서 저장과 재생을 하는 것이지요.

2016년 8월 홍콩국제기억력대회에서 불러주는 숫자Spoken Numbers 종목 경기를 할 때였습니다. 1초에 1개씩, 숫자가 스피커를 통해 계속 방송이 되는데, 숫자를 듣고 이미지로 변환하고, 그 변환 이미지를 저장소에 결합하는 과정을 1초 안에 끝내야 합니다. 당시에는 불러주는 숫자 종목에 대한 연습이 부족한 상태라 ①숫자를 듣고 이미지로 변환하고, ②기반을 떠올리고, ③저장소에 이미지를 저장하는 프로세스를 1초 안에 해내기가 버거워서 즉석 기반을 만들어 사용했습니다.

당시 대회장에 앉은 자리에서 눈에 보이는 사물과 저의 신체에 순번을 매겨 즉석 기반을 만들었습니다. 집중을 위해서 대회장 전체를 활용하는 것보다는 가능하면 주위의 작은 공간을 이용하는 것이 좋겠다는 판단을 하고 책상, 의자, 의자 옆에 놓인 가방과 필기구, 머리카락, 안경, 입고 있던 국가대표 유니폼과 바지, 신발, 손가락 등을 저장소로 삼아 임시로 기반을 만들었습니다. 그렇게 하니 위 ①-②-③프로세스에서 ②번 과정을 머릿속으로 진행한 것이 아니라 눈으로 보면서 한 것이므로 두뇌에 주는 스트레스가 한결 줄어들었습니다.

최근에는 즉석 기반을 만드는 연습을 일부러라도 하고 있습니다. 지하철을 탈 때 맞은 편에 앉은 사람들의 특징(신체, 의복, 소지품 등)을 잡아 즉석에서 기반을 만들어 숫자나 카드를 외우는 연습을 하기도 합니다. 리콜할 때는 맞은편의 사람들을 순서대로 직접 보면서 리콜하는데, 간혹 정류장에 내리는 사람들 때문에 혼란이 올 때도 있지만, 참으로 재미있는 연습이라고 생각합니다.

즉석 기반을 사용할 때는 기반 자체가 머릿속에 장기 기억으로 구축되어 있는 것이 아니므로 장기적으로 기억할 정보를 저장하기에는 적합하지 않으며, 1회용 또는 연습용으로만 사용하기를 권합니다. 만약 중요한 정보가 있는데 기반이 부족하여 임시로 만들어 사용했다면, 반드시 기존의 마인드 팰리스에 옮겨놓아야 정보의 유실을 막을 수 있습니다.

마인드 팰리스의
변환과 결합

인간의 두뇌는 하루에도 엄청난 양의 정보를 취득하고 처리합니다. 하지만 뇌의 기억 용량에는 한계가 있으므로 취득한 정보를 모두 저장할 수는 없습니다.

그러다보니 우리의 뇌도 나름의 저장기준을 가지고 적절하게 정보를 처리하고 있는 듯합니다. 즉, 가치가 없는 사소한 정보, 지루하고 평범한 정보, 변화가 없는 정보 등 특별하지 않다고 판단되는 정보는 저장하지 않으며, 저장한다고 하더라도 금방 휴지통에 넣어버립니다.

다시 말하면, 인간의 두뇌는 기억에 있어서 편식을 합니다. 모든 정보를 동등하게 취급하지 않습니다. 평범한 것보다는 특별한 것을 좋아하고, 추상적인 것보다는 구체적인 것을 좋아하며, 글자보다는 이미지를 좋아합니다.

변환하기

추상도가 높은 대상(정보)은 마인드 팰리스에 저장하기 힘들 뿐만 아니라 오래 기억되지도 않습니다. 마인드 팰리스에 쉽게 결합하기 위해서는 저장하고자 하는 대상을 잘 관찰하여 대상의 추상도를 낮추어 구체적인 이미지로 바꾸어야 합니다. 즉, 뇌가 좋아하지 않는 추상적인 정보를 뇌가 좋아할 만한 특별하고 구체적인 정보로 바꾸어 마인드 팰리스에 저장하는 것입니다. 추상적이고 무의미한 단어나 숫자 등을 구체적이고 특별한 의미를 가진 이미지로 변환하여 기억하는 것이지요.

따라서 기억해야 할 대상(정보)을 이미지로 변환시키는 작업이 대단히 중요합니다. 뇌의 기호에 맞는 이미지로 변환을 시킬수록 결합과 리콜이 쉬워집니다.

그러므로 이미지 변환을 할 때, 평범하고 일상적인 것보다는 특이한 것, 예컨대, 본래의 것보다 과장된 것, 재미있고 우스꽝스러운 것, 생명력이 있어 생생하게 살아 움직이는 것, 본인에게 의미가 있는 것 등으로 변환해야 기억에 오래 남게 됩니다.

이처럼 이미지가 지루하지 않고, 특별하고 매력적이어서, 그 자체로 눈길을 잡아끄는 생명력이 있을수록 기억이 잘 나게 됩니다. 폭력적이거나 외설적인 것도 기억에는 오래 남지만, 건전한 사고를 저해하므로 권장하지는 않습니다.

발음 변환

발음 변환은 변환하고자 하는 원래의 정보를 그 정보와 비슷한 발음을 가진 다른 정보(구체적 형상 이미지)로 변환시키는 것입니다. 즉, 비슷한 발음을 매개로 하여 대상(원정보)과 이미지(변환 이미지)를 연결 짓는 방법입니다.

발음 변환은 직관적이기 때문에 변환하기도 쉽고 익히기도 쉬워서, 가장 자주 사용되는 변환 방법입니다.

발음 변환은 실제로 우리가 알게 모르게 실생활에 많이 사용하고 있습니다. 소위 말장난(언어유희, 아재 개그)이 이와 비슷합니다.

발음 변환을 하는 방법은 우선 외우고자 하는 것을 소리 내어 발음해보고, 그 소리에서 유추할 수 있는 모든 것을 활용하여 이미지를 만들어내면 됩니다. 이때 변환한 이미지의 발음이 최초 대상의 발음과 완전히 같을 필요는 없고, 유추(연상)할 수만 있다면 아무 상관이 없습니다.

형태 변환

형태 변환은 외우고자 하는 대상(정보)의 형태(모양)를 보고, 그 형태와 비슷한 이미지로 변환시키는 것입니다. 형태 변환을 하는 방법은 외우고자 하는 대상(정보)을 다양한 시각으로 관찰하고 자유 연상하여 본인에게 익숙한 이미지로 바꾸면 됩니다.

예컨대 숫자 11은 젓가락이나 빼빼로로 변환시킬 수 있고, 숫자 3은 갈매기나 입술로 형태 변환시킬 수 있습니다.

의미 변환

의미 변환은 외우고자 하는 정보가 내포하고 있는 의미를 활용하여 그 의미를 본인에게 익숙한 이미지로 변환하는 방법입니다.

예컨대, 숫자 61을 보고 유일신唯一神을 떠올렸다면 발음 변환을 한 것이고, 박찬호를 떠올렸다면 의미 변환을 한 것입니다.(전 메이저 리그 투수 박찬호의 등번호는 61번)

예를 하나 더 들어볼까요? 숫자 11을 젓가락으로 이미지 변환했 다면 형태 변환(11은 젓가락 형태와 유사)을 한 것이고, 숫자 11을 학교 로 등하교하는 11번 마을버스로 변환했다면 개인적 체험을 바탕으 로 한 의미 변환을 한 것입니다.

의미 변환에서의 의미란 해당 단어의 사전적인 의미만을 말하는 것이 아니라, 그 단어에 관한 역사적·문화적·사회적 배경 지식을 활용해도 되며, 해당 단어와 관련된 본인만의 지식이나 정보, 심지어 그 단어에 얽힌 개인적인 체험 등을 활용해도 상관없습니다. 즉, 어 떻게 해서든지 외우고자 하는 정보와 관련된 모든 의미를 활용하는 것이 의미 변환입니다.

영어 단어를 외울 때 어원을 활용해서 외우거나, 한자를 익힐 때 부수를 이용해서 익히는 것도 일종의 의미 변환의 예라고 볼 수 있 습니다.

양면 변환

양면 변환은 앞서의 발음 변환, 형태 변환, 의미 변환 중 2개 이 상의 방법을 동시에 적용하여 변환하는 것을 말합니다. 변환을 할 때 변환할 대상(외우고자 하는 정보)과 변환의 결과물(변환한 이미지) 사이 에 연결의 끈이 많을수록 쉽고 빠르게 변환이 되므로, 양면 변환이 가장 강력한 변환법이 됩니다.

앞서 예시를 들었던 숫자 61을 유일한(발음 변환) 메이저리거 박찬호(의미 변환)로 변환한다면, 이는 양면 변환의 예가 됩니다.

결합하기

처음에는 마인드 팰리스에 저장(결합)한 후 리콜을 할 때 저장소에 링크된 이미지가 생각이 나지 않는 경우가 종종 있을 것입니다. 나만의 마인드 팰리스를 만들어 각 저장소에 외워야 할 것을 입력하기만 하면 패트릭 제인이나 셜록 홈즈처럼 언제 어디서나 쉽게 리콜할 수 있을 줄 알았는데, 실상은 그렇지 않아서 아마 좌절감을 느낄지도 모르겠습니다.

이 세상에 마법과 같은 일은 있어도, 마법은 존재하지 않습니다. 마인드 팰리스를 익히면 마법같이 기억을 잘할 수 있게 되지만, 자신의 마인드 팰리스를 능숙하게 운용하기까지는 꾸준한 노력이 필요합니다.

이것은 마치 야구 글러브를 길들이는 것과 비슷합니다. 길들이지 않은 야구 글러브는 뻑뻑해서 손을 마음대로 움직일 수 없고, 공을 잡기가 힘들며, 잡아도 쉽게 빠져나갑니다. 꾸준히 사용하면서 본인의 손에 맞게 길들여야 정확하게 공을 캐치할 수 있습니다.

마인드 팰리스도 마찬가지입니다. 머릿속에 마인드 팰리스를 멋지게 지어 놓았다면 자주 방문해서 사용하고 꾸준히 관리를 해야 합니다. 어쩌다 한 번 방문하거나 관리를 하지 않고 방치된 궁전이 제

기능을 발휘할 수 있을까요?

비록 단숨에 셜록 홈즈처럼 마인드 팰리스를 다룰 수 있게 하는 마법은 존재하지 않지만, 마인드 팰리스를 능숙하게 운용할 수 있도록 도와주는 요령은 존재합니다.

마인드 팰리스의 역사가 오래된 만큼 그동안 수많은 사람들이 연구하고 실제로 사용하면서 발견한, 리콜(재생)이 잘 되는 결합(저장) 방법이 바로 그것입니다.

다음에 소개하는 방법들은 일종의 마인드 팰리스 사용설명서라고 할 수 있습니다.

입체적으로 결합하라

기본적으로 외워야 할 이미지(정보)와 기억저장소를 입체화하여 결합해야 합니다. 마치 평면 위에 가만히 누워 있는 두 이미지를 벌떡 일으켜 세워서 서로 포옹하게 만드는 것과 같습니다. 평면적으로 단순하게 언어적 결합을 하는 것보다, 입체적인 이미지의 결합을 하는 것이 연결 끈의 개수도 많아지고 훨씬 더 단단하게 결합됩니다.

논리구조를 적용하라

인간의 두뇌는 '왜냐하면'이 설명이 되면 납득을 합니다. 여기서 '왜냐하면'은 남을 설득하기 위한 것이 아니라 자신의 두뇌를 설득하기 위한 것이므로 보편타당하고 객관적, 논리적 정합성을 가질 필요가 없습니다. 그냥 스스로 느끼기에 그럴듯하기만 하면 됩니다.

예를 들면, 앞서 그림1 소방서 기반의 4번 저장소(구급차)에 선글라스와 우물을 저장할 때, 구급차를 의인화 시켜서 구급차가 선글라스를 착용한 채로 달리다가, 전방에 우물이 있는 것을 미처 보지 못해서 우물에 풍덩 빠졌다고 저장해보겠습니다.

즉, 구급차가 우물에 빠진 이유가 구급차가 선글라스를 쓰고 달리고 있었기 때문인 것이지요. 현실적으로는 말이 되지 않고 누구도 납득하지 않겠지만, 본인이 그럴 듯하다고 여긴다면 이는 논리구조가 적용된 결합의 예가 됩니다.

과장하라

과장해서 결합한다는 것은 실제보다 크거나 혹은 작게 인식하고 결합한다는 것을 의미합니다. 있는 그대로 결합하는 것보다 과장하여 결합하는 것이 리콜이 훨씬 잘 됩니다.

또한 있는 그대로는 결합하기 어려운 것도 과장하면 결합이 가능한 것이 있습니다.

과장에는 구체화도 포함됩니다. 추상적인 결합보다는 구체적이고 세밀하게 결합한 것일수록 기억이 더 잘 됩니다.

과장할 때도 과감하게 과장하세요. 비현실적이거나 극단적이라도 상관없습니다. 정지해 있는 대상이라면 생명력을 부여해서 살아 움직이게 만들고, 움직이는 대상이라면 더욱더 미친 듯이 움직이게 해야 합니다. 이미지가 스스로 살아 움직이게 만들수록 리콜이 잘 됩니다.

왜 리콜이 잘 되지 않을까요? 전형적인 방식으로 평범하게 결합했기 때문입니다. 그냥 기억저장소에 두지 마세요.

예컨대, 마루에 바나나를 결합한다고 할 때, 마루에 바나나가 놓여 있다고 저장하는 것보다, 바나나가 마루에 있는데 본인이 그걸 밟고 넘어져 엉덩방아를 찧어서 엉덩이가 아프다는 식으로 외우는 것이 훨씬 리콜이 잘 됩니다.

지루하고 평범한 것일수록 리콜이 잘 되지 않습니다. 우스꽝스럽고 기묘하고 괴상한 형상을 가진 것일수록 기억이 잘 됩니다.

다시 그림1 소방서 기반의 예를 들면, 5번 저장소(소방 도끼)에 치마와 킹콩을 저장할 때, 치마를 입은 거대한 킹콩이 잘 닦인 소방도끼에 비친 자신의 모습을 수줍게 바라보는 장면을 저장한다면 리콜이 어렵지 않을 것입니다.

참고로 야하거나 과격하게 결합하는 것도 리콜이 잘 됩니다만, 건전한 사고를 저해하기 때문에 특히 미성년자의 경우에는 권장하는 방법은 아닙니다.

반복하라

속도가 생명인 기억력스포츠에서는 처음부터 완벽한 결합을 할 시간이 없습니다. 즉, 단 한 번의 결합으로 마인드 팰리스에 완벽하게 저장할 수는 없습니다.

반복해야 합니다. 같은 시간을 투자하더라도 10분에 200개를 한 번 결합하는 것보다, 5분에 200개씩 두 번 반복하는 것이 더욱 낫습니다.

제한된 시간에 최대한 많이 외워야 하는 기억력스포츠 대회에서는 과장을 하고 오감을 느끼고 감정이입을 할 시간이 부족합니다.

물론 익숙해지면 이러한 모든 것을 순식간에 해나갈 수 있습니다만, 일단 대회에서는 결합이 충분치 않다고 느끼더라도 일단 체크만 해 놓고, 최대한 빠르게 목표한 분량을 결합을 한 후 다시 반복을 하는 것이 좋습니다.

아무리 지루하고 평범한 것이라고 해도 반복해서 보면 외워지듯 반복의 효과는 매우 강력합니다. 물론 처음부터 완벽하게 결합하면 반복할 필요가 없지 않느냐고 반문할 수 있지만, 앞에도 언급했듯 시간이 생명인 기억스포츠에서는 그럴 여유가 없으므로 반복하면서 디테일을 보완하고 결합의 드라마를 만드는 것입니다.

특히 암기 시간이 긴 종목의 경우에는 주기적으로 반복이 필요합니다. 기억력스포츠는 감점 폭이 굉장히 크므로 경기를 보수적으로 운용할 필요가 큰 만큼 반복을 잘 활용할 필요가 있습니다.

감정을 이입하라

본인이 결합에 직접 참가하여 주인공이 된 것처럼 생생하게 느껴야 합니다. 내가 결합의 주인공이라면 지금 어떤 감정을 느끼고 있을지 상상해보세요. 마치 내가 대상이 된 것처럼 생생하게 체험하고, 내가 결합하는 행위를 직접 하는 것처럼 느껴보세요.

어떤 기분이 느껴지나요? 대회장에 가보면 실제로 몸을 움직이면서 결합하는 선수들을 볼 수 있습니다.

오감을 느껴라

시각, 청각, 후각, 미각, 촉각 등 오감을 활용하여 결합하세요. 오감을 활용하면 이미지를 보다 선명하고 생생하게 느낄 수 있습니다. 선명하고 살아 움직이는 이미지는 리콜이 쉽습니다. 선명한 색채를 부여하고, 강렬한 냄새를 입히고, 웅장한 사운드를 덧붙이세요. 결합의 대상뿐만 아니라 배경에도 오감을 가미하면 좋습니다. 독특한 주변 환경을 만들고 소리와 냄새 등이 가미되면 더욱 기억이 지속됩니다. 영화도 멋진 배경과 음악이 함께 할 때 더욱 감동이 배가 되고 오래 기억에 남는 법이니까요.

자신감을 가지고 하라

결합을 하다보면 전형적이고 평범한 것밖에 떠오르지 않는 경우가 있습니다. 이럴 때는 저장을 하면서도 나중에 리콜이 안 될 것 같다는 느낌을 가진 채로 결합하게 됩니다.

하지만 그런 부정적인 생각을 하면서 결합을 하면 실제로도 리콜이 되지 않는 경우가 많습니다. 차라리 "이건 좀 평범하게 결합했지만 난 충분히 기억할 수 있어. 왜냐하면 나의 궁전은 너무 좋아서 한 번 들어오면 나가려 하지 않을 테니까!"라는 식으로 평범한 결합 방식과 상관없이, 나의 강화된 저장소의 힘을 믿고 자신감을 가지고 결합하세요.

3장

기억력 강화 프로세스

: 기억시스템이란 무엇인가

기억시스템이란
무엇인가

기억 프로세스

스포츠가 가지고 있는 가치 중에서 가장 중요한 것은 무엇일까요? 바로 공정성이라고 생각합니다. 스포츠는 누구에게나 공정해야 합니다. 기억력스포츠도 마찬가지입니다. 그래서 국적, 인종, 성별, 언어, 문화에 관계없이 누구에게나 공정한 스포츠가 되기 위해 전 세계에 보편적으로 통용되는 숫자와 카드가 기억력스포츠의 주요 종목이 된 것은 필연일지도 모르겠습니다.

기억력스포츠 10개 종목 중에서 숫자와 관련된 종목은 5개(이진수, 무작위 숫자, 스피드 숫자, 역사/연도, 불러주는 숫자)가 있고, 카드와 관련된 종목은 2개(롱 카드, 스피드 카드)가 있습니다. 숫자와 카드는 기억력스포츠의 핵심 기억 대상이므로 '어떻게 하면 보다 많은 숫자를 외우고, 더 빠르게 카드를 기억할 수 있을까' 하고 많은 사람들이 연구를 해왔고, 그 결과 효과가 있다고 검증이 된 방법을 바로 기억시스템이라고 부릅니다.

기억력스포츠 선수들이 정보를 기억하는 과정을 추상화시켜 이를 언어화하면 다음과 같은 프로세스로 이루어집니다.

변환 – (마인드 팰리스) – 결합

먼저 외우고자 하는 것을 의미 있고 구체적인 이미지로 변환을 해야 합니다. 무작위로 배열된 숫자나 카드는 기억을 한다고 하더라도 그 자체로 아무런 의미가 없으므로 휘발성이 높기 때문에 금방 잊어버리기 마련입니다.

따라서 외우고자 하는 것을 그대로 기억하는 것이 아니라, 자신에게 친숙하고 의미 있는 이미지로 변환을 한 후 마인드 팰리스의 각 기반에 변환된 이미지를 결합하는 것입니다.

나중에 기억을 재생할 때에는 외운 것을 직접 기억해 내려고 하는 것이 아니라 외운 것을 저장해둔 기반에 방문하여 각 저장소에 결합된 이미지를 먼저 떠올리고, 그 이미지를 원래의 것으로 역변환을 하여 기억 재생을 하는 것입니다.

기억시스템은 여기서 변환 단계에 해당하며, 기억력스포츠 전반에 걸쳐 가장 중요한 부분 중 하나이므로 기억력스포츠를 제대로 즐기기 위해서는 여기에 소개된 기억시스템을 반드시 익혀야 합니다.

숫자 기억시스템

무작위로 의미 없이 배열된 숫자를 그냥 기억하려면 매우 힘이 듭니다. 숫자가 10개 이하라면 몇 번 되풀이하여 암송하는 것으로 외울 수 있지만, 10개를 넘어가면 외우기가 쉽지 않습니다. 설령 외웠다고 하더라도 금방 잊어버리게 됩니다.

그렇기 때문에 숫자를 외우기 쉽고 오래 기억이 되는 형태인 이미지로 변환시키는 것이 가장 우선입니다. 우리는 숫자가 아니라 변환된 이미지를 기억하는 것입니다.

숫자 기억시스템은 '어떻게 하면 효율적으로 숫자를 이미지로 변환시킬 수 있을 것인가'에 대한 고민이 담긴 결과 값이라고 할 수 있습니다.

이에는 2자릿수, 3자릿수, 숫자 PAO시스템이 있는데 효율적인 방법을 찾아 사용할 수 있으면 좋을 것입니다.

2자릿수 시스템

숫자를 한 자리씩 이미지로 변환해서 기억하는 것은 효율성이 매우 떨어집니다. 그렇게 할 경우 0부터 9까지 변환한 이미지가 10개뿐이므로 쉽게 익힐 수 있다는 장점이 있지만, 그보다 단점이 더 많습니다.

예컨대, 100자리의 수를 외운다면 100개의 이미지를 외워야 하므로 속도가 느려지고, 10개의 이미지가 계속 반복이 되므로 나중에 기억 재생을 할 때 이미지의 혼동이 오게 되며, 외워야 할 이미지 수가 늘어난 만큼 이를 저장할 기억저장소를 추가로 확보해야 하므로 매우 비효율적입니다.

그래서 보통 2자릿수 시스템을 많이 사용합니다. 2자릿수 시스템은 00부터 99까지 100개의 2자릿수에 대응하는 이미지를 미리 만들어 기억한 다음, 숫자를 외울 때 2자리씩 끊어서 각 2자릿수에 대응하는 이미지를 기억저장소에 결합하는 것입니다.

그럼 먼저 100개의 2자릿수를 이미지로 변환해보겠습니다. 2장에서 변환에는 발음 변환, 형태 변환, 의미 변환 그리고 양면 변환의 네 가지 종류가 있다고 했습니다.

여기서 가장 기본적이고 직관적인 변환은 발음 변환입니다. 따라서 먼저 발음을 이용해 변환을 시도해보고, 그것이 잘 안 되면 의미 변환이나 형태 변환을 이용하도록 하겠습니다.

표10의 2자릿수 시스템은 수시로 반복해 보면서 익히도록 합니다. 거의 대부분 발음 변환을 이용했기 때문에 대단히 직관적이므로 한 시간이면 누구나 익힐 수 있을 것입니다. 물론 자신에게 맞게 변

형해도 됩니다.

예컨대, 11을 11번 버스가 아니라 형태 변환을 하여 젓가락이라고 하거나, 41을 쌀이 아니라 의미 변환을 하여 만우절(4월 1일)이라고 해도 좋습니다. 참고로 어떤 선수는 30을 본인 첫사랑의 이름인

00	공공기관	20	이충무공	40	사공	60	유공자	80	팔공산
01	1등	21	2NE1	41	쌀	61	유일신	81	X파일
02	절굿공이	22	율곡이이	42	싸이	62	유이	82	파리
03	영삼(YS)	23	조던	43	사슴	63	63빌딩	83	발삼
04	공사장	24	이사	44	산사	64	육상선수	84	판사
05	공옥진	25	이오 (요구르트)	45	사오정	65	유골	85	파오
06	공유	26	이륙	46	사육사	66	우유	86	발육
07	꽁치	27	이칠 (양치질)	47	삽질	67	유치원	87	팔찌
08	공판장	28	이빨	48	사팔뜨기	68	육발의자	88	파파 (아버지)
09	공구	29	이구아나	49	살구	69	육군	89	팔꿈치
10	십자가	30	삼공노트	50	손오공	70	칠공주	90	구공탄
11	11번버스	31	삼일절	51	오일(oil)	71	칠(하는)일	91	귤
12	열두제자	32	사미승	52	오이	72	칠리고추	92	구이
13	제이슨 (13일의 금요일)	33	33인 (독립선언)	53	오삼 불고기	73	칠쌤(권투)	93	고3
14	식사	34	직장상사	54	옥상	74	칙사	94	궁사
15	십오야	35	사모님	55	요요	75	칠어	95	구호대
16	인류	36	36계	56	오륙도	76	체육 (선생님)	96	구유
17	일지매	37	삼치	57	옻칠	77	칠칠이	97	구찌
18	신발	38	38선	58	오빠	78	칠판	98	굿판
19	식구	39	쓰리쿠션	59	오곡밥	79	친구	99	비둘기

표10. 2자릿수 시스템

세영(셋+영)으로 발음 변환하여 기억하는 등 주변 인물을 활용하기도 했습니다. 이처럼 본인만 알 수 있는 독특한 이미지로 변환하여도 좋습니다.

이제 2자릿수의 이미지 변환이 모두 끝났습니다. 다음은 마인드 팰리스에 변환된 이미지를 저장(결합)해보도록 하겠습니다.

먼저 1개의 저장소에 몇 개의 이미지를 저장할 것인지 결정해야 합니다. 기반이 충분히 많고, 단단하게 구축이 되어 있다면 1개의 저장소에 1개의 이미지를 결합시켜도 무방하지만, 그렇지 않다면 1개의 저장소에 1개의 이미지만 저장하는 것은 공간 낭비가 됩니다.

일반적으로 대부분의 선수들은 1개의 저장소에 보통 2개 또는 3개의 이미지를 저장합니다. 초보자의 경우 1개의 저장소에 3개의 이미지를 저장하기는 쉽지 않으므로 2개부터 시작하기를 권합니다. 2개가 익숙해지면 3개를 시도해보되 2개씩 저장하더라도 세계적인 수준에 오르기에 충분하므로 굳이 3개를 시도하지 않아도 됩니다.

참고로 PAO 시스템의 경우에는 복합 이미지를 사용하기 때문에 1개의 저장소에 보통 1개의 이미지만 결합합니다.(이 부분은 뒤에 자세히 설명하도록 하겠습니다.) 한 저장소에 몇 개의 이미지를 저장할 것인지에 대한 정답은 없습니다. 기억시스템에 익숙해지면 자신에게 가장 적합한 방식을 찾으면 됩니다.

제 경우 1개의 저장소에 2개의 이미지를 결합합니다. 그러면 1개의 저장소에 몇 개의 숫자가 저장이 될까요? 2자릿수가 1개의 이미지로 변환되므로 2개의 이미지는 4자릿수가 됩니다. 즉, 1개의 저장소에는 총 4개의 숫자가 저장됩니다.

그러면 이해를 돕기 위해 2장에서 같이 만든 각자의 거실 기반에 2자릿수 시스템을 사용하여 아래의 숫자 40개를 저장해 보도록 하겠습니다.

9598395118
9194823538
8572705519
7787430923

거실 기반에는 총 10개의 저장소가 있고, 1개의 저장소에는 숫자 4개씩(이미지 2개) 저장한다고 했습니다. 그럼 그림6 거실 기반 저장소에 표10 2자릿수 시스템을 이용하여 위 40개의 무작위 숫자를

저장해보겠습니다. 먼저 저의 시범을 보고, 각자의 거실 기반에 한번 결합해보기 바랍니다.

그럼 거실 기반 저장소 그림을 다시 한 번 보면서 같이 숫자를 저장해보겠습니다.

1번 저장소 : 소파 (95 구호대/ 98 굿판)

힘든 업무를 마치고 퇴근하여 집에 오자마자 피곤하여 소파에 털썩 앉습니다. 그런데 엉덩이에 극심한 통증을 느껴 일어나 보니 소파에 작두가 놓여 있고, 엉덩이는 작두날에 베여 피가 철철 흐르고 있습니다.

얼른 119에 전화하여 구호대(95)를 불러 응급치료를 받는데, 무당이 나타나 소파 위에서 작두를 타면서 엉덩이 상처가 빨리 낫기를 기원합니다. 소파가 푹신해서 그런지 무당이 더욱 높이 뛰며 굿판(98)을 벌이고 있습니다.

2번 저장소 : 탁자 (39 쓰리쿠션/ 51 오일)

탁자를 당구대로 삼아 친구와 쓰리쿠션(39) 게임을 하고 있는데, 당구공이 잘 굴러가지 않아서 오일(51)을 탁자 위에 바르니 당구공이 부드럽게 잘 미끄러집니다. 손으로 오일을 바르는데 탁자가 상당히 뜨겁습니다.

3번 저장소 : 러그 (18 신발 / 91 귤)

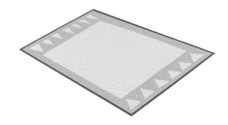

거실에 러그를 새로 사서 깔아놓고 흐뭇하게 지켜보고 있는데, 친구들이 와서 새 러그는 밟아야 길이 든다면서 신발(18)로 방방 뛰며 러그를 밟습니다. 화가 나서 친구들을 향해 그러지 말라고 했지만 친구들은 더욱 신이 나서 신발로 러그를 밟습니다.

도저히 참을 수가 없어서 주위에 던질 것이 없나 찾다 보니, 마침 탁자 위에 귤(91)이 있어서 귤을 던지며 그만하라고 했습니다. 그런데 귤이 러그 위에 떨어져서 신발에 밟히고 터져, 오히려 러그가 더욱 더럽혀져 기분이 매우 좋지 않습니다.

4번 저장소 : TV (94 궁사 / 82 파리)

TV를 틀어 보니 올림픽 양궁 중계방송을 하고 있습니다. 재미있
게 지켜보는데, 갑자기 TV 속의 궁사(94)가 나를 향해 활을 겨누고
있습니다. 영문을 모른 채 지켜보고 있는데, 궁사가 활을 쏘자 화살
이 TV 화면 밖으로 나와서 내 어깨에 앉아있던 파리(82)를 맞춰 잡
습니다.

나는 일어나 궁사에게 파리를 잡아줘서 고맙다고 고개 숙여 인
사를 하고, 궁사도 화답합니다. 화살에 맞은 어깨에서는 뜨거운 피가
나와 옆구리를 타고 흘러내리고 있습니다.

5번 저장소 : 벽선반 (35 사모님 / 38 38선)

집에 있는데 TV 위쪽에서 자꾸 소리가 들립니다. 뭔가 해서 일
어나 보니 벽선반 위에서 이웃에 사는 사모님(35) 둘이 서로 머리를

잡고 싸우고 있습니다. 계속 말렸지만 듣지 않자 두 사모님 사이에 38선(38)을 그은 후, 이 선은 휴전선이니 잠시 싸움을 멈추고 말로 하자고 하였습니다.

6번 저장소 : 책 (85 파오 / 72 칠리고추)

제게는 예전부터 로망이 있습니다. 집에 파오로 만든 독서방을 만들어 그곳에서 실컷 책을 읽는 것입니다. 책을 보니 그 로망이 생각이 나서 바로 마당에 파오(85)를 설치하고 파오 안에 들어가 책을 읽기 시작합니다. 그런데 할머니께서 파오를 보시더니, 칠리고추(72)를 말릴 곳이 마땅치 않아서 걱정했는데 마침 잘 됐다면서 파오 지붕에 칠리고추를 말립니다. 나는 파오 안에서 칠리고추의 매운 냄새를 맡으며 독서삼매경에 빠져 있습니다.

7번 저장소 : 유리컵 (70 칠공주 / 55 요요)

집에서 편히 쉬고 있는데 장식장 쪽에서 무슨 소리가 들립니다. 일어서서 가보니 장식장 안에 진열되어 있는 유리컵 속에 칠공주(70)가 빠져서 꺼내달라고 아우성 치고 있습니다. 주위에 칠공주를 꺼내줄 마땅한 줄이 없어서 요요(55)를 이용하여 구출을 시도합니다. 일곱 명의 공주님들이 한분씩 요요처럼 돌돌 말려 올라와서 구출되는 장면을 그려봅니다.

8번 저장소 : 액자 (19 식구 / 77 칠칠이)

벽에 걸려 있는 액자에 예전에 우리 식구(19)가 제주도에 가서 즐겁게 노는 장면을 찍은 사진이 걸려 있습니다. 지금은 각자의 생활에 바빠 가족끼리 서로 떨어져 지내는데, 예전 사진을 보니 그때의 추억이 생각나서 칠칠(77)맞게 눈물이 납니다. 별거 아닌 일로 감상에 젖어 눈물을 흘리는 나는 아마도 칠칠이(77)인가 봅니다.

9번 저장소 : 화분 (87 팔찌 / 43 사슴)

화분에 심은 식물이 너무 급속도로 자랍니다. 가지치기를 했는데도 계속 자랍니다. 그래서 더 이상 자라지 말라고 팔찌(87) 여러 개를 이용해 단단히 묶어 놓습니다. 그런데도 계속 자라서 팔찌가 끊어집니다. 화가 나서 식물을 화분에서 뽑는데, 뽑고 보니 사슴(43)이 화분에서 튀어 나왔습니다. 알고 보니 식물이 아니라 사슴의 뿔이었던 것입니다. 녹용을 달여서 먹으니 든든한 기분입니다.

10번 저장소 : 커튼 (09 공구 / 23 조던)

거실에 앉아 있는데 갑자기 창문 쪽에서 소리가 크게 들려 고개를 돌려보니 커튼봉이 떨어진 소리입니다. 창고에서 공구함(09)을 꺼내 손상된 커튼봉을 수리한 후, 다시 커튼봉을 설치하려고 하는데 커튼봉을 거는 곳이 10미터 정도의 높은 곳에 있어서, 아무리 애를 써도 커튼봉을 걸 수가 없습니다. 그때 갑자기 농구선수 마이클 조던(23)이 커튼봉을 잡아채고 높이 점프하여 커튼봉을 걸어 줍니다. 마이클 조던이 나를 보고 빙그레 웃길래 나도 같이 씩 웃습니다.

지금까지 그림6 거실 기반 저장소에 40개의 무작위 숫자를 저장해보았습니다. 어렵지 않지요? 어떻게 결합을 하는지 설명하기 위해 자세히 풀어서 적었지만, 실제 대회에서는 저러한 과정(각 저장소에 숫자를 결합하는 시간)이 단 몇 초안에 이루어집니다.

그럼 이제 한번 리콜을 해볼까요? 그림6 거실 기반 저장소를 머릿속으로 거닐면서 10개의 저장소에 링크된 이미지를 떠올려 보세요. 그리고 떠올린 이미지를 다시 숫자로 역변환을 해서 종이에 적어보세요. 무작위 숫자 40개 중 몇 개를 맞추었나요? 아마도 대부분 30개 이상의 숫자를 맞추었을 거라고 생각합니다.

놀랍지 않나요? 만약 숫자를 무작정 외웠다면 아마 절반도 외우지 못했을 것이며, 외운 것조차도 몇 분이 지나기 전에 잊어버리게 될 것입니다. 하지만 마인드 팰리스를 이용해 외운 숫자는 몇 시간이 지나더라도 아마 대부분 기억하고 있을 것입니다.

5824072089

7133219204

4984136018

4226569910

이제 여러분 각자의 기반에 2자릿수 시스템을 이용하여 위의 숫자를 저장해 보기 바랍니다. 2장에서 배운 결합 방법과 앞에서 제가 보인 시범을 참고하여 자유롭게 상상하여 각자의 기반에 숫자를 저장하면 됩니다. 아직은 2자릿수 시스템의 변환 이미지와 각자의 저장소 이미지가 충분히 강화되지 않았으므로 결합이 서툰 것은 당연하니 결합 과정과 결과에 너무 구애받지 말고 한번 연습해보기 바랍니다.

저의 시범만 보다가 직접 해보니 어떤가요? 쉽게 결합한 사람도 있을 테고, 결합을 하려니 머리가 지끈지끈해지는 사람도 있을 것이라고 생각합니다. 1장에서 기억력스포츠를 즐기다 보면 얻을 수 있는 효과에 대해 설명했습니다. 이제 왜 그러한 효과를 얻을 수 있는지 조금은 이해가 될 것입니다. 기억력스포츠를 통해 마인드 팰리스를 계속 활용하고 강화한다면 자연히 기억력이 향상될 것이고, 변환과 결합의 과정을 통해 관찰력과 상상력이 키워짐으로써 창의력이 계발되고, 자유롭고 유연한 사고를 할 수 있게 되는 것입니다.

초보자의 경우 이미지(2자릿수)와 이미지(저장소)를 결합한다기보다는 아직은 단어(2자릿수)와 단어(저장소)를 결합하거나 막연한 이미지들끼리 결합하는 수준일 것입니다. 하지만 지속적으로 저장할 이미지와 저장소 이미지를 강화해나간다면, 점차 이미지가 생생하고 선명하게 시각화될 것이고, 그렇게 되면 결합과 리콜이 한층 쉬워질 것입니다.

이처럼 2자릿수 시스템은 제시된 숫자를 2자리씩 끊어서 1개의 이미지로 변환을 시킬 때 사용됩니다. 이렇게 변환된 이미지를 2개씩 묶어서 즉흥적으로 자유롭게 연상하여 1개의 저장소에 결합하는 것입니다. 이때 1개의 저장소에 2개의 이미지가 저장되므로 나중에 리콜할 때 2개의 이미지 중에서 어떤 것이 앞이고, 어떤 것이 뒤인지 헷갈릴 우려가 있습니다. 예컨대 4284, 즉 싸이(42)와 판사(84)를 저장소에 저장을 했는데, 나중에 리콜할 때 싸이(42)와 판사(84)는 기억이 나는데 어느 것이 먼저인지 헷갈릴 때가 있습니다. 만약 판사(84)를 먼저라고 생각하고 리콜을 한다면 8442가 되어 숫자 4개가 모두 틀리게 됩니다.

이런 경우를 대비해 결합을 할 때 위-아래(위쪽 이미지가 먼저), 좌-우(왼쪽 이미지가 먼저) 등으로 정해진 순서에 따라 결합하거나 논리적 인과에 따라 결합한다면 혼동을 방지할 수 있습니다.

예컨데, 4284에서 싸이(42)가 판사(84)와 악수를 하는 장면을 상상했다면, 싸이(42)를 왼쪽에 판사(84)를 오른쪽에 배치시키거나, 무대 위에 있는 싸이(42)가 무대 아래에서 악수를 요청하는 판사(84)의 손을 잡아주는 장면을 저장하는 것이 나중에 리콜할 때 순서를 바르게 정할 수 있습니다. 또한 싸이(42)가 잘못을 저질러서 판사(84) 앞에 서는 장면을 저장한다면, 이는 논리적 인과에 따라 선후관계를 정한 결합이라 할 수 있습니다. 이때 논리적 인과는 객관적으로 타당할 필요는 전혀 없고, 본인이 느끼기에 그럴듯하기만 하면 됩니다.

2자릿수 시스템은 많은 수를 기억할 경우 100개의 이미지가 계속 반복되기 때문에 헷갈릴 우려가 있다는 점, 한 번에 4개의 숫자를 처리(1개소에 2개의 이미지를 결합할 경우)하므로 3자릿수 시스템이나 PAO 시스템에 비해 속도가 느린 단점이 있습니다.

그래서 입문할 때는 2자릿수 시스템으로 시작했다고 하더라도, 레벨이 올라갈수록 자연스럽게 다른 시스템으로 변경하는 경우가 많습니다.

하지만 2자릿수 시스템은 모든 숫자 기억시스템의 기본이 되는 시스템이므로 기억력스포츠 입문자의 경우 2자릿수 시스템부터 시작하기를 권합니다.

3자릿수 시스템

2자릿수 시스템을 이용해 숫자를 외우다 보면 자연스럽게 드는 의문이 있습니다.

3자릿수 시스템을 만들면 더 좋지 않을까요? 어떻게 생각하시나요? 직관적으로 봐도 2자릿수 시스템보다 3자릿수 시스템이 더 빠르고 더 많이 외울 수 있을 것 같지요?

맞습니다. 1자릿수보다 2자릿수가 더 나은 것처럼, 2자릿수 시스템보다 3자릿수 시스템이 더 발전된 시스템입니다.

하지만 동시에 단점도 있습니다. 3자릿수는 000부터 999까지 총 1,000개의 이미지가 더 필요하고, 이미지를 변환할 때 발음 변환이 대단히 까다롭습니다. 2자릿수의 경우 발음 변환만으로도 충분히 변환이 가능하지만, 3자릿수의 경우에는 발음·형태·의미 변환을 총동원해도 변환이 쉽지 않습니다. 또한 변환을 했다고 하더라도 직관적인 발음 변환만으로 이루어 진 것이 아니므로 이미지를 익히는데 시간이 많이 소요됩니다.

실전에서는 숫자를 보는 즉시 변환된 이미지가 떠올라야 합니다. 1초라도 늦게 떠오르면 이미 늦습니다. 그렇기 때문에 초보자에게 권하는 방법은 아닙니다.

만약 3자릿수 시스템에 도전하기로 결정했다면 2자릿수 시스템을 만든 것과 동일한 방식으로 자신만의 시스템을 직접 만들어 보기 바랍니다. 예컨대, 275는 발음 변환을 하여 일본의 야구선수 이치로 로, 111은 형태 변환을 하여 삐빼로로, 515는 의미 변환을 하여 선 생님(스승의 날)으로 할 수 있겠죠?

숫자 PAO 시스템

PAO 시스템에서 PAO란 Person-Action-Object를 의미합니다. 즉, 사람-행동-대상을 말 하는데 영어 어순으로는 주어-동사-목적어가 되고, 우리말의 문 법적 어순으로는 주어-목적어-동사가 됩니다. 그래서 한국에서는 PAO 시스템을 보통 주목동 시스템이라고 부르기도 합니다. PAO 시스템은 숫자와 카드 종목에서 모두 활용이 되며 범용성과 응용성 이 높은 시스템입니다.

2자릿수 PAO 시스템

2자릿수 PAO 시스템은 글자 그대로 2자릿수 시스템과 PAO 시 스템을 결합시킨 시스템입니다.

즉 00에서 99까지의 모든 2자릿수 하나하나에, 사람(P)-행동 (A)-대상(O)을 각각 나타내는 이미지 3개를 부여한 후, 숫자 6개 단위로 이미지 3개(P+A+O)를 모아서 1개(PAO)의 복합 이미지를 만 드는 시스템입니다. 즉, 숫자 6개를 1개의 복합 이미지로 만드는 것 이지요.

6개의 숫자 중에서 앞 2자릿수에서 사람(P) 이미지를 추출하고, 중간의 2자릿수에서 행동(A) 이미지를 추출하고, 마지막 2자릿수에서 대상(O) 이미지를 추출하여, 최종적으로 6개의 숫자가 임의적으로 결합하여 '사람이 대상을 ~하는' 1개의 복합 이미지가 되는 것입니다. 이때 우리말의 어순에 맞게 중간의 2자릿수에서 대상(O) 이미지를, 마지막 2자릿수에서 행동(A) 이미지를 추출하여 결합할 수도 있습니다. 그러면 PAO 시스템이 아니라 POA 시스템이 되는 것이지요.

　어느 것이든 본인에게 편한 방식을 취하면 됩니다. 이 책에서는 PAO(주어+동사+목적어)와 POA(주어+목적어+동사)를 구분하지 않고 PAO 시스템으로 통칭하도록 하겠습니다.

　그럼 이해를 돕기 위해 우리말 어순으로 예를 한번 들어볼까요? 아래 표11은 2자릿수 PAO 시스템의 예시입니다.(참고로 2자릿수 PAO 시스템을 사용하기로 결정했다면 표10의 2자릿수 시스템을 참고로 하여 자신만의 2자릿수 PAO 시스템을 만들어 보기 바랍니다.)

숫자	사람(P/주어)	대상(O/목적어)	행동(A/동사)
23	마이클 조던	농구공	던지다
52	요리사	오이	자르다
88	파파(아버지)	신문	보다

표11. 2자릿수 PAO 시스템 예시

　다음 2자릿수 PAO 시스템을 참고하여 238852, 885223, 522388을 각각 1개의 복합이미지로 만들어 보겠습니다.

23-88-52 : 마이클 조던(P)이 신문(O)을 자르다(A)

88-52-23 : 아버지(P)가 오이(O)를 던지다(A)

52-23-88 : 요리사(P)가 농구공(O)을 보다(A)

만약 주어-동사-목적어 순으로 한다면 다음과 같이 되겠지요.

23-88-52 : 마이클 조던(P)이 → 보다(A) → 오이(O)를

88-52-23 : 아버지(P)가 → 자르다(A) → 농구공(O)을

52-23-88 : 요리사가(P) → 던지다(A) → 신문(O)을

이처럼 PAO 시스템은 3개의 이미지를 1개의 복합 이미지로 만들어 주기 때문에 기반에 저장할 이미지의 수를 줄여줍니다. 또한 복합 이미지를 만들기 위해 에너지를 소모할 필요가 없습니다.

왜냐하면 3개의 이미지가 각각 주어(사람), 동사(행동), 목적어(대상)로 이루어져 있으므로 굳이 상상력을 발휘하지 않아도 자동으로 3개의 이미지가 1개의 스토리를 가진 복합 이미지로 압축되기 때문입니다. 그래서 2자릿수 PAO 시스템에 익숙해지면 숫자 6개가 1개의 이미지로 변환되므로 결과적으로 시간단축에 효과가 있습니다.

물론 이 시스템의 경우 2자릿수 각각에 1개가 아닌 3개의 부분 이미지를 추가로 구축해야 하고, 또 이를 순간적으로 1개의 복합 이미지로 압축하는 훈련을 해야 하기 때문에 2자릿수 시스템보다 익히는데 많은 시간을 투자해야 합니다.

다시 말해 2자릿수 시스템은 1개의 이미지 안에 1개의 정보(2자

릿수)만 담고 있지만, 2자릿수 PAO 시스템에서는 사람-행동-대상이 합쳐져 구성된 1개의 이미지 안에 3개의 정보(6자릿수)가 담겨 있으므로 한정된 공간에 더 많은 정보(숫자)를 담을 수 있는 시스템인 것입니다.

게다가 00부터 99까지 100개의 이미지로 구성된 2자릿수 시스템은 많은 숫자를 외우다 보면 이미지의 중복이 있을 수밖에 없지만, 2자릿수 PAO 시스템은 000000부터 999999까지, 일종의 6자릿수 시스템이라고 볼 수도 있기 때문에 이미지가 중복될 확률이 아주 낮습니다.

확실히 이해하고 넘어가기 위해 예시를 하나 더 들겠습니다. 아래의 24개 숫자를 외워본다고 하지요.

249021376182750316549725

2자릿수 시스템으로 외운다면 숫자 2개가 1개의 이미지가 되고, 2개의 이미지가 1개의 저장소에 저장되므로, 총 6개의 저장소가 필요합니다. 즉, 다음과 같이 총 12개의 이미지가 6개의 저장소에 결합이 됩니다.

2490 / 2137 / 6182 / 7503 / 1654 / 9725

하지만 2자릿수 PAO 시스템을 이용하면 6개의 숫자가 1개의 복합 이미지로 변환이 되므로, 1개의 복합 이미지를 1개의 저장소에

결합을 한다면 최종적으로 4개의 이미지가 4개의 저장소에 결합이
되는 것입니다.

249021 / 376182 / 750316 / 549725

물론 2개의 복합 이미지를 1개의 저장소에 결합한다고 하면 24개
의 숫자를 외우는데 단 2개의 저장소만 필요한 셈이지요. 저장소
1개에 이미지 1개를 저장할 것인지 2개를 저장할 것인지에 대한 정
답은 없습니다. 각각 모두 장단점이 있으므로 그냥 본인에게 편한
대로 하면 됩니다. 일반적으로 2자릿수 PAO 시스템의 경우 대부분
저장소 1개에 1개의 복합 이미지를 저장합니다.

왜냐하면 단일 이미지를 사용하는 2자릿수 시스템과 달리, PAO
시스템은 3개의 이미지가 합쳐 구성된 복합 이미지를 사용하므로
2개 이상을 저장할 경우 결합력이 떨어질 우려가 있기 때문입니다.

물론 정답은 없으니, 여러 방식으로 시도해보고 본인에게 적합한
방법을 찾아보기 바랍니다.

3자릿수 PAO 시스템

3자릿수 PAO 시스템은 3자릿수 시스템과 PAO 시스템을 하
나로 결합시킨 시스템입니다. 즉, 000에서 999까지의 모든 3자릿
수 하나하나에, 사람(P)-행동(A)-대상(O)을 각각 나타내는 이미지 3
개를 부여한 후, 숫자 9개 단위로 이미지 3개(P+A+O)를 모아서 1개
(PAO)의 복합 이미지를 만드는 시스템입니다. 즉, 숫자 9개를 1개의

복합 이미지로 만드는 것입니다.

9개의 숫자 중에서 앞 3자릿수에서 사람(P) 이미지를 추출하고, 중간의 3자릿수에서 행동(A) 이미지를 추출하고, 마지막 3자릿수에서 대상(O) 이미지를 추출하여, 최종적으로 9개의 숫자가 '사람이 대상을 ~하는' 1개의 복합 이미지가 되는 것입니다.

시스템 적용 방식은 2자릿수 PAO 시스템과 동일하지만, 이해를 돕기 위해 우리말 어순으로 예를 들어 보겠습니다.

숫자	사람(P/주어)	대상(O/목적어)	행동(A/동사)
119	소방관	소방차	올라타다
482	가이드	사파리	안내하다
747	테러리스트	비행기	납치하다

표12. 3자릿수 PAO 시스템 예시

위 표12는 3자릿수 PAO 시스템의 예시입니다. 참고로 3자릿수 PAO 시스템은 만들기 힘들 뿐만 아니라 제대로 익히려면 매우 오랜 연습을 필요로 하므로 실제로 이 시스템을 사용하는 선수는 거의 없습니다. 초보의 경우에는 2자릿수 시스템이나 이를 확장한 2자릿수 PAO 시스템을 만들어 사용하기를 권합니다.

표12의 3자릿수 PAO 시스템을 참고하여 119482747, 482747119, 747119482를 각각 1개의 복합이미지로 만들어 보겠습니다.

119-482-747 : 소방관(P)이 사파리(O)를 납치하다(A)

482-747-119 : 가이드(P)가 비행기(O)에 올라타다(A)

747-119-482 : 테러리스트(P)가 소방차(O)를 안내하다(A)

만약 주어(P)-동사(A)-목적어(O) 순으로 하면 다음과 같습니다.

119-482-747 : 소방관(P)이 → 안내하다(A) → 비행기를(O)

482-747-119 : 가이드(P)가 → 납치하다(A) → 소방차를(O)

747-119-482 : 테러리스트(P) → 올라타다(A) → 사파리에(O)

이처럼 3자릿수 PAO 시스템은 9개의 숫자를 단 1개의 복합 이미지로 만들어주기 때문에 익히기만 한다면 세계 챔피언을 노려볼 수 있을 정도로 대단히 효과적인 시스템입니다.

하지만 익히는데 엄청난 시간과 노력이 필요하므로 효율적인 시스템이라고 볼 수는 없습니다. 일단 000부터 999까지 1,000개의 3자릿수에 각 3개씩 총 3,000개의 이미지를 만드는 것부터가 어마어마한 작업입니다. 그냥 3,000개의 단어를 만드는 것도 어려운 일인데, 주어(P)와 목적어(O)는 구체적 형상을 가진 명사로 골라야 하며, 동사(A)는 구체적인 움직임이 있는 것으로 선정해야 합니다.

게다가 각 이미지는 중복이 되거나 비슷하면 안 됩니다. 이렇게 해서 3,000개를 다 만들었다고 하더라도 이를 익히는데 엄청난 시간과 노력이 필요합니다. 즉, 1,000개의 3자릿수 각각에 3개(PAO)의 이미지를 구축하고, 또 9개의 숫자를 보는 즉시 이를 순간적으로 1개의 복합 이미지로 압축하는 훈련을 해야 하기 때문에 엄청난 시간과 노력을 투자해야 합니다.

　3자릿수 PAO 시스템은 000000000부터 999999999까지, 일종의 9자릿수 시스템이라고 볼 수도 있기 때문에 여기서 만들어질 수 있는 총 이미지 개수는 무려 1억 개나 됩니다. 이는 기억력스포츠 종목의 제반 규정을 고려해 볼 때 너무 과도한 시스템입니다.

　그래서 이 시스템을 그대로 사용하는 선수는 거의 없고, 이를 변형시킨 시스템을 사용하는 선수들은 있습니다.

3-2-3 PAO 시스템 (변형 3자릿수 PAO 시스템)

　3-2-3 PAO 시스템은 3자릿수 PAO 시스템을 좀 더 만들기 쉽고, 익히기 쉽게 변형한 시스템입니다.

　먼저 3자릿수 PAO 시스템을 만들 때 가장 어려운 부분이 행동(A)를 만드는 것입니다. 사람(P) 1,000명과 대상(O) 1,000개를 만드는 것은 힘들지만, 그래도 하려면 할 수 있습니다.

　그런데 사람의 행동(A) 1,000개를 만드는 것은 대단히 어렵습니다. 일단 1,000개의 행동을 찾는 것 자체도 힘들지만, 그 행동(A)은 구체적인 움직임을 수반하고, 대상(O)에게 영향을 미쳐야 합니다.

　게다가 각 행동은 이미지로 저장이 되기 때문에 서로 시각적으로 구분되어야 합니다. 그러므로 동사를 만드는 것 자체도 매우 힘들지만, 만들었다고 하더라도 사람의 행동은 제한되어 있으므로 이를 구분할 수 있을 정도로 정교하게 이미지화 하려면 엄청난 연습이 필요합니다.

　그래서 차선책으로 고안해낸 것이 비교적 만들기 쉬운 사람(P)

과 대상(O)의 개수는 그대로 두고, 만들기 어려운 행동(A)의 개수를 1,000개에서 100개로 줄인 것이 바로 3-2-3 PAO 시스템입니다. 여기서 3-2-3은 3자릿수(P)-2자릿수(A)-3자릿수(O)를 의미합니다. 만약 우리말 어순인 주어-목적어-동사 순으로 한다면 3-3-2 POA 시스템이 되겠지요.

3-2-3 PAO 시스템은 3자릿수 PAO 시스템의 단점을 잘 보완하는 시스템입니다. 먼저, 시스템 완성의 부담을 줄여줍니다. 실제로 PAO 시스템을 만들 때 동사(A) 만들기가 가장 힘들고 까다로운데, 그 부담감이 확 줄어듭니다. 또한 이미지 강화의 부담을 줄여줍니다. 이미지 강화는 모든 기억시스템의 공통 과제이지만, 동사(A)가 1,000개에서 100개로 줄어든 만큼 그 부담이 줄어듭니다.

2장에서 설명했지만 이미지 강화는 중요한 개념이라 다시 한 번 강조를 하겠습니다. PAO 이미지는 단일 이미지가 아니라 3개의 부분 이미지가 합쳐진 복합 이미지이기 때문에 이미지를 정교하게 강화하는 훈련이 특히 필요합니다.

단일 이미지는 보통 일상에서 자주 접할 수 있는 이미지로 정하는 경우가 많으므로 잠재의식 레벨에서 각인이 되어 있어, 이미지를 정교하게 다듬지 않아도 저장소에 결합을 잘할 경우 기억이 나는 경우가 많지만, 복합 이미지는 다릅니다.

복합 이미지는 일상에서 거의 접할 수 없는 스토리로 이루어져 있으므로 3개의 부분 이미지가 정교하게 연결되어 사람(P)이 대상(O)에게 행동(A)을 하는 장면이 아주 선명하게 시각화되어 있지 않으면, 나중에 리콜에 어려움을 겪을 수 있습니다.

예컨대, "우주비행사가 수박을 자르다"라는 장면을 정교하게 이미지를 강화하여 저장하지 못했다면, 리콜할 때 "우주비행사가 뭔가를 잘랐는데, 그게 뭐였지?", 또는 "우주비행사가 수박을 가지고 뭔가를 했는데, 무엇을 했지?"하면서 리콜에 실패할 수 있는 것입니다.

이 외에도 3-2-3 PAO 시스템은 한 줄(40개)의 숫자를 다른 시스템을 이용하지 않고 깔끔하게 외울 수 있다는 장점이 있습니다. 이 부분은 TIP(줄 단위로 외워라)을 통해 다시 언급하도록 하겠습니다.

PA 시스템 등

PAO 시스템은 사람Person-행동Action-대상Object 시스템이라고 했습니다. PAO 시스템에서 대상(O)를 제외한 것이 PA 시스템이고, 행동(A)을 제외한 것이 PO 시스템이며, 사람(P)을 제외한 것이 OA 시스템입니다. 앞에서 PAO 시스템에 대해 자세히 설명을 했기 때문에 쉽게 이해가 될 것입니다.

예컨대, 2자릿수 PO 시스템의 경우 00에서 99까지의 모든 2자릿수 하나하나에, 사람(P)-대상(O)을 각각 나타내는 이미지 2개를 부여한 후, 숫자 4개 단위로 이미지 2개(P+O)를 모아서 1개(PO)의 복합 이미지를 만드는 시스템입니다. 즉, 숫자 4개를 1개의 복합 이미지로 만드는 것이지요. 4개의 숫자 중에서 앞 2자릿수에서 사람(P) 이미지를 추출하고, 뒤 2자릿수에서 대상(O) 이미지를 추출하여, '사람이 대상을 ~하는' 1개의 복합 이미지가 되는 것입니다.

이때 PAO 시스템과 달리 행동(A)은 주어져 있지 않으므로, 즉흥적으로 상상력을 발휘하여 행동(A)의 빈자리를 메우면 됩니다. 이럴 경우 주어(P)와 목적어(O)가 모두 명사이므로 마치 2자릿수 시스템으로 숫자를 외우는 것과 비슷할 것입니다. 이 경우 주어가 앞에 오고 목적어가 뒤에 오므로 2자릿수 시스템의 약점인 숫자의 선후관계도 간단히 해결이 됩니다.(145~146쪽 참조)

2자릿수 PO 시스템의 경우 100명의 사람과 100개의 대상이 있으므로 총 10,000개의 복합 이미지를 만들 수 있습니다. 따라서 2자릿수 PO 시스템은 0000부터 9999까지, 일종의 4자릿수 시스템이라고 볼 수 있습니다. 물론 3자릿수 PO 시스템은 1,000명의 사람과 1,000개의 대상이 있으므로 000000부터 999999까지, 일종의 6자릿수 시스템이라고 할 수 있겠지요.

PA 시스템과 OA 시스템도 같은 방식입니다. 사람-행동-대상 중에 빈자리는 즉흥적으로 상상력을 발휘하여 채우면 됩니다. PA · PO · OA 시스템 중에서는 PA 시스템이 가장 많이 쓰이지만, 어느 것이든 본인에게 편한 방식을 취하면 되겠습니다. 이 책에서는 편의상 PA 시스템이라고 통칭하도록 하겠습니다.

참고로 PAO 시스템은 자동적으로 3개의 이미지를 1개의 복합 이미지로 만들어주기 때문에 스토리를 만들기 위해 굳이 창의력을 발휘하지 않아도 되어, 선수의 지력 에너지 소모를 줄여주는 장점이 있지만, 스포츠 외적으로 본다면 이는 기록 향상을 위해 창의력을 계발할 기회를 일정 부분 제한하는 측면이 있다고 볼 수도 있습니다. 그런 측면에서 볼 때 PA 시스템은 PAO 시스템보다 관찰력과 상상력을 활용할 수 있는 폭이 넓다고 하겠습니다.

또한 PAO 시스템의 경우 줄 단위로 득점이 계산이 되는 숫자 종목의 특성상, 한 줄에 외우는 숫자가 딱 맞게 떨어지지 않습니다. 그래서 PAO 시스템을 사용하는 선수들은 서브 시스템으로 PA 시스템을 많이 이용하고 있습니다. 이 부분에 대해서는 TIP(줄 단위로 외워라)을 참조하시기 바랍니다.

나만의 PAO 시스템 만들기

숫자나 카드를 이미지로 변환할 때 세계적으로 가장 널리 쓰이는 방법은 메이저 시스템을 활용한 것입니다. 메이저 시스템은 알파벳을 사용하는 영미권에서 주로 사용하는 방법으로 0부터 9까지 모든 숫자에 다음과 같이 알파벳 자음을 지정한 후 이를 적절한 단어로 바꾸는 것입니다.

0 = s, z	5 = l
1 = t, d	6 = sh, ch, j
2 = n	7 = k, q
3 = m	8 = f, v
4 = r	9 = p, b

예컨대, 02는 sn이므로 sun(태양)으로, 25는 nl이므로 nail(손톱)로, 97은 bk이므로 bike(자전거)로 변환하는 것이죠. 하지만 우리는 알파벳을 사용하지 않으므로 전혀 알 필요가 없습니다. 그냥 발음·형태·의미 변환을 이용하여 숫자를 이미지로 변환하면 됩니다.

참고로 카드 변환의 경우에는 권순문 선생님께서 메이저 시스템을 한글에 맞게 변형시킨 오리시스템을 사용합니다. 오리시스템은 카드 기억시스템 편에서 설명하도록 하겠습니다.

앞에서 숫자는 발음·형태·의미 변환을 이용하여 이미지로 변환한다고 했습니다. 그리고 이를 이용해서 2자릿수와 3자릿수를 어떻게 이미지로 변환하는지 앞에서 예시와 함께 설명하고 한번 만들어 보았습니다. PAO 시스템은 2자릿수·3자릿수 시스템과 별개로 새로 만들어도 되지만, 앞서 만든 시스템을 활용하면 더욱 만들기 쉽습니다.

그러면 2자릿수 시스템을 2자릿수 PAO 시스템으로 확장해보겠습니다. 2자릿수 시스템의 이미지 100개는 모두 명사입니다. 즉, 주어(P) 또는 목적어(O)가 될 수 있다는 말입니다.

100개의 이미지 중에서 사람은 모두 주어(P)로, 사람이 아닌 것은 모두 목적어(O)로 둡니다. 그리고 주어 이미지만 있는 숫자는 그 사람(P)에게 맞는 행동(A)과 대상(O)을 추가하고, 대상 이미지만 있는 숫자는 대상(O)에 맞는 사람(P)과 행동(A)을 추가합니다.

예를 한번 들어보겠습니다. 2자릿수 시스템에서 07은 꽁치이고, 50은 오공(손오공)입니다. 꽁치(O)와 어울리는 사람과 행동은 무엇일까요? 오공(P)에게 맞는 대상과 행동은 무엇일까요?

숫자	사람(P/주어)	대상(O/목적어)	행동(A/동사)
07	어부	꽁치	잡다
50	오공	여의봉	휘두르다

표13. 2자릿수 PAO 시스템 예시

표13과와 같이 생각할 수도 있지만, 아마 사람마다 조금씩 다를 거라고 생각합니다. 정답은 없습니다. 다른 사람이 보기에 사람(P)-

행동(A)-대상(O)이 전혀 어울리지 않고 생뚱맞은 것이라도 상관없습니다. 나만의 시스템을 만드는 것이므로 철저하게 본인 위주로 만들어야 합니다. 본인이 가장 잘 떠올릴 수 있는 이미지로 정해서 시스템을 완성하면 됩니다.

3자릿수 시스템을 3자릿수 PAO 시스템으로 확장하는 것도 마찬가지로 하면 됩니다. 또한 2자릿수·3자릿수 시스템에서 확장하지 않고, 별개로 새로운 PAO 시스템을 만드는 것도 비슷합니다. 즉, 먼저 사람(P)을 전부 만들고, 그 사람에게 맞는 행동(A)과 대상(O)을 추가하는 방식으로 하면 됩니다. 이런 방식으로 하면 만들기도 쉬울 뿐만 아니라 만든 것을 기억하기도 쉽습니다.

다만 시스템을 완성할 때 주의할 점은 있습니다.

첫째, 대상(O)은 구체적인 형상을 가진 명사여야 합니다. 모든 이미지는 생생하게 보는 것처럼 시각화할 수 있어야 하는데, 관념적인 명사(예: 사랑, 희망 등)는 시각화하기 쉽지 않기 때문입니다.

둘째, 사람(P)의 행동(A)은 구체적 움직임을 수반해야 하며, 대상(O)에게 직접 물리적인 작용을 해야 합니다. '생각하다' 같은 동사는 구체적 움직임이 없고, 대상에게 물리적인 작용을 하지 않으므로 3개(주목동)의 이미지를 1개의 복합 이미지로 압축하기가 쉽지 않습니다. 이러한 동사는 복합 이미지의 결합력을 약화시킵니다.

셋째, 이미지의 중복이나 간섭이 없어야 합니다. 마인드 팰리스에 단어를 글자 그대로 저장하는 것이 아니라 이미지로 변환시켜 저장하는 것이므로 비슷한 이미지는 리콜할 때 혼동이 올 수 있기 때문입니다. 이는 사람(P)-행동(A)-대상(O) 모두에 해당됩니다.

PAO 시스템에서 주어는
반드시 사람이어야 하는가?

PAO 시스템에서 PAO는 사람(P)-행동(A)-대상(O)을 의미한다고 했습니다. 사람-행동-대상이 각각 문법적으로는 주어-동사-목적어에 해당하므로 다른 말로는 주목동 시스템(또는 주동목 시스템)이라고도 합니다.

본인만의 PAO 시스템을 만들다 보면 누구나 가지게 되는 의문이 있습니다. (이는 숫자뿐만 아니라 카드 PAO 시스템도 마찬가지입니다.)

주어는 반드시 사람이어야 하는가?

결론부터 말하면 꼭 사람일 필요는 없지만, 가능하면 사람으로 하는 것이 좋습니다. 문법적으로 주어(P)와 목적어(O) 자리에는 명사가 위치합니다. 구체적인 형상을 가진 명사라면 주어와 목적어 어느 곳이든 들어갈 수 있으며, 문장을 구성했을 때 말이 안 되더라도 상관없습니다. 오히려 마인드 팰리스는 독특하고 상상력을 자극하는 이미지를 더욱 선호하는 법이니까요. 그러므로 사람이 아니고 동식물이나 사물이라 하더라도 이미지로 변환시킬 수만 있다면 주어에 위치해도 상관없습니다.

하지만 주어(P)와 목적어(O)의 경계가 무너지면, 나중에 리콜을 할 때 혼동이 올 우려가 있습니다. 다시 말하면, 대회장에서는 제한된 시간 내에 최대한 많은 숫자나 카드를 이미지로 변환하여 마인드 팰리스에 저장을 시켜야 하는데, 시간이 촉박하므로 결합을 단단하게 다질 여유가 부족합니다.

그러므로 리콜을 할 때 저장된 이미지가 불완전하게 기억나는 경우가 있습니다.

예컨대, A와 B가 있는 것은 기억나는데 A가 주어인지 B가 주어인지 헷갈릴 수 있습니다. 이때 주어는 사람이고, 목적어는 사람이 아닌 것으로 시스템을 구성했다면, 쉽게 구분을 할 수 있습니다.

물론 주어와 목적어의 기준을 정하여 양자가 명확하게 구분만 된다면 주어가 꼭 사람이 아니어도 좋습니다. 그러므로 PAO 시스템을 만들 때 가능하면 주어와 목적어를 쉽게 구분할 수 있는 기준(예를 들어 사람-동물, 생물-무생물 등)을 세워 만들어 보기 바랍니다.

2자릿수 시스템 vs 3자릿수 시스템

3자릿수 시스템이 2자릿수 시스템보다 익히기는 훨씬 어렵지만, 더 발전한 시스템이란 점에는 의문의 여지가 없습니다. 2자리보다 3자리씩 외우는 것이 당연히 더 빠르고, 주어진 시간동안 더 많이 기억할 수 있을 것입니다.

하지만 숫자 종목 규칙을 감안하고 보면 반드시 그렇지만은 않습니다. 4장에서 설명하겠지만 숫자 종목에는 감점 규정이 있습니다. 즉, 한 줄(40개)을 기준으로 1개를 틀리면 절반이 감점되고, 2개 이상 틀리면 0점이 되어 버립니다.

만약 리콜을 하다가 1개의 이미지가 도저히 생각이 나지 않을 경우 어떻게 될까요? 2자릿수 시스템이든 3자릿수 시스템이든 1개의 이미지만 놓쳐도, 해당 줄은 0점이 됩니다. 이때 2자릿수 시스템의 경우에는 편법이지만 방법이 있습니다. 즉, 총 이미지의 개수가 100개뿐이므로 00부터 99까지의 이미지를, 리콜이 안 되는 저장소에 하나하나 대입하다 보면 기억이 나는 경우가 상당히 많습니다. 하지만 3자릿수 시스템의 경우엔 총 이미지의 개수가 1,000개나 되므로 제한된 리콜 시간 관계상 이 방법을 적용하기가 어렵습니다.(물론 3자릿수 시스템은 빠르고 많이 외울 수 있다는 장점이 이러한 단점을 덮고도 남을 만큼 크긴 합니다.)

이처럼 각 시스템에는 장점과 단점이 공존하기 때문에 장점을 극대화하는 방향으로 나갈지 단점을 최소화하는 방향으로 나갈지를 잘 선택하고, 본인의 현재 실력과 향후 목표, 그리고 연습에 투자할 수 있는 시간 등을 고려하여 시스템을 선택하면 됩니다.

줄 단위로 외워라

무작위 숫자 종목과 스피드 숫자 종목의 경우 1줄에 40개의 숫자가 제시됩니다. 개별 줄 단위로 득점이 계산되므로, 외울 때도 줄 단위로 외우는 것이 좋습니다. 즉, 이 말은 2개의 줄에 걸친 숫자를 1개의 이미지로 만들지 말라는 이야기입니다.

예컨대, 2자릿수 PAO 시스템의 경우 한 줄 40개 숫자 중에서 36개를 PAO 시스템으로 처리하고 나면 4개가 남습니다. 그러면 남은 4개와 그 다음 줄 처음 2개가 하나의 PAO 이미지를 구성하게 됩니다.

즉, 2개의 줄에 겹치는 PAO 이미지가 생성되는데, 혹시라도 이 이미지의 리콜에 실패한다면, 단 하나의 이미지를 잊어버렸음에도 불구하고, 감점 규정 때문에 2개의 줄이 모두 0점 처리되는 경우가 발생합니다.

따라서 이런 경우를 방지하기 위해 가능하면 줄 단위로 외우는 것을 권장합니다.(참고로 숫자 종목은 한 줄에 숫자 1개를 틀리면 절반이 감점되고, 2개 이상 틀리면 0점 처리됩니다.)

그러면 한 저장소에 단일 이미지는 2개씩, 복합 이미지는 1개씩 저장한다고 가정할 경우 시스템 별로 한번 정리를 해보겠습니다.

2자릿수 시스템

숫자 2개가 단일 이미지 1개로 변환되고, 저장소 1개에 이미지 2개를 저장하므로, 한 번에 숫자 4개씩 처리합니다. 따라서 한 줄에 숫자가 40개이므로 모두 4개씩(4×10=40) 딱 떨어집니다.

3자릿수 시스템

숫자 3개가 단일 이미지 1개로 변환되고, 저장소 1개에 이미지 2개를 저장하므로 한 번에 숫자 6개씩 처리합니다. 따라서 한 줄에 숫자가 40개이므로 6개씩 6번 저장 (6×6=36)하면 4개가 남습니다. 그러므로 마지막 4개는 3자릿수 시스템으로 처리하지 않고 별도로 2자릿수 시스템 등 다른 방식으로 처리합니다.

2자릿수 PAO 시스템

숫자 6개가 복합 이미지 1개로 변환되고, 저장소 1개에 복합 이미지 1개를 저장하므로 한 번에 숫자 6개씩 처리합니다. 따라서 3자릿수 시스템과 마찬가지로 6개씩 6번 저장(6×6=36)하면 한 줄에 4개가 남고, 이는 별도로 처리해야 합니다. PAO 시스템의 경우는 마지막 4개는 보통 PA 시스템(또는 2자릿수 시스템) 등으로 처리합니다.

3자릿수 PAO 시스템

숫자 9개가 복합 이미지 1개로 변환되고, 저장소 1개에 복합 이미지 1개를 저장하므로 한 번에 숫자 9개씩 처리합니다. 따라서 9개씩 4번 저장(9×4=36)하면 한 줄에 4개가 남고, 이는 별도로 처리해야 합니다.

3-2-3 PAO 시스템

숫자 8개(3+2+3)가 복합 이미지 1개로 변환되고, 저장소 1개에 복합 이미지 1개를 저장하므로 한 번에 숫자 8개씩 처리합니다. 따라서 한 줄에 5개의 복합 이미지를 만들면 (8×5=40) 깔끔하게 한 줄을 처리할 수 있습니다.

PA 시스템

2자릿수 PA 시스템은 2자릿수 시스템과 같이 숫자 4개씩 처리하므로 다른 시스템의 도움 없이 한 줄에 4개씩(4×10=40) 처리하면 됩니다. 하지만 3자릿수 PA 시스템은 3자릿수 시스템과 같이 숫자 6개씩 처리하므로, 한 줄에 6개씩(6×6=36) 처리하면 4개가 남고, 이는 다른 방식으로 처리해야 합니다.

숫자 기억시스템 선택 방법

처음에는 2자릿수 시스템을 사용할 것을 권합니다. 2자릿수 시스템으로 연습하고 대회에 참가해서 본인의 실력을 확인해보세요. 그리고 본인의 목표를 고려하여 2자릿수 시스템으로 목표를 달성하기에 부족하다고 생각된다면, 장기적으로 3자릿수 시스템이나 2자릿수 PAO 시스템 등으로 시스템 변경을 하시는 것이 좋습니다.

단, 비교적 쉽게 익힐 수 있는 2자릿수 시스템과 달리 3자릿수 시스템이나 2자릿수 PAO 시스템의 경우 오랜 기간 꾸준한 훈련이 필요합니다. 1,000개의 이미지를 외우거나 6개의 숫자를 보자마자 한 개의 복합 이미지가 떠오르게 하려면 많은 연습이 필요하므로 연습할 시간이 부족한 사람들은 오히려 역효과를 볼 수 있습니다.

좋은 기록은 시스템에 달린 것이 아니라 어떤 시스템을 사용하든지 그 시스템을 다루는 사람의 숙련도에 달려 있다는 것을 명심하시기 바랍니다.

카드 기억시스템

카드 기억시스템도 숫자 기억시스템과 동일한 기억 프로세스입니다. 즉, 숫자 19를 우리에게 친숙한 식구라는 이미지로 변환하여 마인드 펠리스에 저장한 것처럼 카드 역시 52장의 카드를 친숙한 이미지로 변환하여 마인드 펠리스에 저장하는 것입니다.

숫자나 카드를 이미지로 변환할 때 세계적으로 가장 널리 쓰이는 방법은 메이저 시스템이지만, 이는 알파벳을 사용하는 영미권에서 주로 사용하는 방법입니다.

오리시스템

이에 한국 랭킹 1위 권순문 선생님은 메이저 시스템을 한글에 맞게 변형시킨 오리시스템을 개발하였습니다.

발음의 유사성을 이용한 발음 변환은 변환의 방법 중에서 가장 강력한 방법입니다. 특히 우리말은 발음을 변환하기에 매우 적합한 언어구조를 이루고 있으므로 숫자와 카드를 기억할 때 이를 활용하는 것은 당연한 일입니다.

오리시스템은 권순문 선생님이 메이저 시스템을 우리말의 구조에 맞게 변형시켜 창안한 시스템으로 모든 카드 기억시스템의 근간을 이루는 중요한 시스템입니다. 앞으로 소개할 모든 카드시스템은 오리시스템을 기본으로 하므로 반드시 익혀두어야 합니다.

먼저 카드는 숫자(2~10), 알파벳(A, J, Q, K) 그리고 문양(♠, ♦, ♥, ♣)으로 나눌 수 있는데, 숫자와 알파벳은 한글의 자음으로 지정하고, 문양은 모음으로 지정합니다. 이때 자음과 모음을 아무렇게나 무작위로 지정한 것이 아니라 발음과 형태를 이용하여 직관적으로 변환한 것입니다. 오리시스템의 장점은 우리말의 발음을 이용하여 직관적으로 변환하기 때문에 익히기가 매우 쉽다는 것입니다.

다음 표14의 오리시스템은 카드의 숫자(2~10), 알파벳(A, J, Q, K), 문양(♠, ♦, ♥, ♣)의 우리말 발음을 이용하여 변환한 것이므로 몇 번만 반복하면 금방 익힐 수 있을 것입니다.

또한 특정 자모음으로 변환한 이유도 설명해 놓았으니 참고하시면 더욱 이해가 빠를 것입니다. 변환 이유를 읽어보고 본인이 생각하는 이유를 덧붙여도 좋습니다. 여기서 이유는 객관적이거나 논리적이지 않아도 됩니다. 다른 사람은 이해하지 못하더라도 스스로에게 납득이 되면 그것으로 충분합니다.

물론 오리시스템을 바탕으로 새로 본인만의 시스템을 만들어도 됩니다. 예컨대, 5를 발음 변환을 이용해 이응(ㅇ)으로 하거나, 3을 형태 변환을 이용해 티읕(ㅌ)이라고 하고 싶다면, 그렇게 시스템을 재구성하면 됩니다.

오리시스템은 카드 기억시스템의 근간을 이루는 것으로 매우 중요하기 때문에 반드시 외워야 합니다. 이해를 돕기 위해 한 번 더 설명하도록 하겠습니다.

카드	발음	기본	확장	변환 이유
A	에이스	ㅇ		발음의 첫 음절 '에'의 초성
2	이	ㄴ		A가 'ㅇ'이므로, 형태 변환(2 ⇒ ㄴ)
3	삼	ㅁ		발음 '삼'의 종성
4	사	ㅅ	ㅆ	발음 '사'의 초성, 형태 변환
5	오	ㄷ		'다섯'의 초성, 형태 변환
6	육	ㅌ	ㄸ	형태 변환
7	칠	ㅊ	ㅉ	발음 '칠'의 초성
8	팔	ㅍ	ㅃ	발음 '팔'의 초성
9	구	ㄱ		발음 '구'의 초성
10	십	ㅎ	ㄹ	형태 변환(90도 회전 ↵)
J	잭	ㅈ		발음 '잭'의 초성
Q	퀸	ㅂ		'비(妃)'의 초성, 형태 변환
K	킹	ㅋ	ㄲ	발음 '킹'의 초성
♠	스페이드	ㅜ	ㅠ ㅡ	발음의 첫 음절 '스'의 중성
♦	다이아	ㅣ	ㅐ ㅔ	발음의 둘째 음절 '이'의 중성
♥	하트	ㅏ	ㅑ ㅓ ㅕ	발음의 첫 음절 '하'의 중성
♣	클로버	ㅗ	ㅛ	발음의 둘째 음절 '로'의 중성

표14. 오리시스템

먼저 자음부터 보도록 하지요. 자음은 숫자와 알파벳의 발음과 형태를 변환한 것입니다.

자음의 초성 중에서 중복되지 않는 것 중에 직관적으로 보이는 것으로 칠(7), 팔(8), 구(9), 잭(J)이 있습니다. 즉, 칠(7)은 치읓(ㅊ), 팔(8)은 피읖(ㅍ), 구(9)는 기역(ㄱ), 잭(J)은 지읒(ㅈ)입니다. 여기에는 큰 이견이 없을 것입니다.

다음으로 시옷(ㅅ)은 3보다는 아무래도 4가 더 형태적으로 어울립니다. 그러므로 사(4)는 시옷(ㅅ)으로 정하겠습니다. 그러면 삼(3)은 받침인 미음(ㅁ)을 쓰도록 하지요.

키읔(ㅋ)은 퀸(Q)보다는 킹(K)이 더 어울립니다. 따라서 킹(K)은 키읔(ㅋ)으로 변환하고, 퀸(Q)은 영어로 Queen이고, 우리말로는 '비妃'가 되니, 초성을 취하여 비읍(ㅂ)으로 변환합니다. 'Q'는 모양도 'ㅂ'과 비슷합니다.

십(10)은 형태 변환을 해보도록 하겠습니다. '10'을 시계 방향으로 90도(↻) 회전시키면 'ㆆ'이 되는 데, 'ㆆ'은 훈민정음의 자모 중 하나로 '여린히읗'이라고 하며, 형태 또한 히읗(ㅎ)과 비슷합니다. 따라서 십(10)은 히읗(ㅎ)으로 변환하겠습니다.

육(6)은 남은 자음 중에서 티읕(ㅌ)과 형태가 가장 비슷하고, 오(5)는 디귿(ㄷ)과 형태적 유사성이 있습니다. 이응(ㅇ)은 에이스(A)와 이(2) 중에서 에이스(A)가 더 발음적으로 어울립니다. 이(2)는 모양이

니은(ㄴ)과 비슷하며, 일본어로도 2는 '니(に)'라고 발음이 되므로 니은(ㄴ)으로 변환하겠습니다.

참고로 확장 자음을 보면 쌍시옷(ㅆ)을 제외한 된소리(ㄲ, ㄸ, ㅃ, ㅉ)를 거센소리(ㅋ, ㅌ, ㅍ, ㅊ)에 배치했는데, 이는 거센소리로 시작하는 단어의 수가 다른 소리에 비해 상대적으로 많지 않아서 된소리를 거센소리에 추가한 것입니다.

다음으로 모음을 보겠습니다. 4개의 문양 역시 발음과 형태를 이용해 변환을 한 것입니다.

스페이드(♠)는 발음 '스우~페이드'에서 'ㅜ'와 'ㅜ'를 취했는데,

		♠		♦		♥		♣	
		ㅜ		ㅣ		ㅏ		ㅗ	
A	ㅇ	A♠	우	A♦	이	A♥	아	A♣	오
2	ㄴ	2♠	누	2♦	니	2♥	나	2♣	노
3	ㅁ	3♠	무	3♦	미	3♥	마	3♣	모
4	ㅅ	4♠	수	4♦	시	4♥	사	4♣	소
5	ㄷ	5♠	두	5♦	디	5♥	다	5♣	도
6	ㅌ	6♠	투	6♦	티	6♥	타	6♣	토
7	ㅊ	7♠	추	7♦	치	7♥	차	7♣	초
8	ㅍ	8♠	푸	8♦	피	8♥	파	8♣	포
9	ㄱ	9♠	구	9♦	기	9♥	가	9♣	고
10	ㅎ	10♠	후	10♦	히	10♥	하	10♣	호
J	ㅈ	J♠	주	J♦	지	J♥	자	J♣	조
Q	ㅂ	Q♠	부	Q♦	비	Q♥	바	Q♣	보
K	ㅋ	K♠	쿠	K♦	키	K♥	카	K♣	코

표15. 오리시스템 : 음절표

잘 보면 형태도 'ㅜ'와 비슷합니다. 다이아몬드(◆)는 '다이아몬드'에서 'ㅣ'를 취했는데, 끝이 'ㅣ'로 끝나는 모든 모음(ㅐ, ㅒ, ㅔ, ㅖ, ㅚ, ㅙ, ㅟ, ㅞ, ㅢ)으로 확장할 수 있습니다. 하트(♥)는 '하트'에서 'ㅏ'를 취하고, '아, 어' 계열의 모든 모음(ㅑ, ㅓ, ㅕ, ㅘ, ㅝ)로 확장할 수 있습니다. 마지막으로 클로버(♣)는 '클로버'에서 'ㅗ'를 취하고, 형태 또한 'ㅗ, ㅛ'와 비슷합니다.

표15와 같이 13개의 자음과 4개의 모음이 조합되면 총 52개의 음절이 생성되며, 이는 52장의 카드에 각각 배정이 됩니다. 즉, 52장의 카드가 52개의 한글 음절로 변환이 되는 것이지요.

싱글 카드시스템 (원 카드시스템)

숫자와 달리 카드는 숫자(알파벳)와 문양의 결합으로 이루어진 복합물이므로 자음과 모음이 결합하여 하나의 음절(발음)을 구성하는 우리말의 특성을 활용하기에 적합합니다. 숫자와 알파벳은 자음으로 지정하고, 4개의 문양은 모음으로 지정하면 52장의 모든 카드가 자음과 모음으로 구성되어 1개의 음절로 발음할 수 있습니다. 이것을 바로 오리시스템이라고 한다고 했습니다.

싱글 카드시스템은 오리시스템을 통해 변환시킨 52개의 카드에 대응하는 52개의 음절을, 발음 변환을 이용하여 이미지로 변환시키는 시스템입니다. 이미지로 변환시키는 속도는 빠르면 빠를수록 좋으므로 가능하면 음절의 수가 적은 단어를 선택하는 것이 좋습니다.

물론 익숙해져서 머릿속으로 단어를 거치지 않고 바로 이미지가 떠오를 정도가 되면 문제가 없지만, 처음에는 쉽지 않으므로 변화시킬 단어의 글자 수도 고려해야 합니다.

먼저 오리시스템을 이용하여 52개의 카드를 한 음절로 된 단어로 변환시켜 싱글 카드시스템을 만들어보겠습니다. 예컨대, A♥는 '아'이므로 '알'로, 6♣는 '토'이므로 '톱'으로 변환시키는 것입니다. 7♥처럼 발음과 변화시킨 단어가 모두 '차'라면 더욱 기억하기 쉬울 것입니다. 표16은 싱글 카드시스템의 예를 든 것입니다. 언뜻 이미지로 바로 와닿지 않는 단어는 인터넷 검색을 통해 뜻을 읽고 관련 이미지를 찾아보세요. 물론 다른 단어가 자신에게 더 맞을 것 같다

		♠		♦		♥		♣	
		ㅜ		ㅣ		ㅏ		ㅗ	
A	ㅇ	A♠	울	A♦	입	A♥	알	A♣	옥
2	ㄴ	2♠	눈	2♦	님	2♥	나	2♣	노
3	ㅁ	3♠	무	3♦	매	3♥	말	3♣	목
4	ㅅ	4♠	숯	4♦	신	4♥	산	4♣	소
5	ㄷ	5♠	둑	5♦	댐	5♥	달	5♣	돌
6	ㅌ	6♠	틀	6♦	티	6♥	탈	6♣	톱
7	ㅊ	7♠	춤	7♦	칡	7♥	차	7♣	초
8	ㅍ	8♠	풀	8♦	핀	8♥	파	8♣	포
9	ㄱ	9♠	굴	9♦	길	9♥	강	9♣	곰
10	ㅎ	10♠	흙	10♦	힐	10♥	학	10♣	혹
J	ㅈ	J♠	줄	J♦	집	J♥	자	J♣	종
Q	ㅂ	Q♠	북	Q♦	비	Q♥	밤	Q♣	봉
K	ㅋ	K♠	꿀	K♦	킹	K♥	칼	K♣	콩

표16. 싱글 카드시스템 : 1음절

면 바꾸어도 됩니다.

위와 같이 한 음절로 된 단어는 절대적인 수가 부족하므로 선택의 폭이 좁아서 변환에 한계가 있을 수밖에 없습니다. 그럼 음절수에 구애받지 말고 발음 변환을 해보도록 하지요.

오리시스템의 52개 카드에 대응하는 음절로 시작하거나 그 발음에서 연상되는 자신만의 단어(이미지)를 생각해보세요. 음절수에 구애받지는 말되 너무 긴 단어는 선택하지 않도록 합니다.

표17에 예시된 싱글 카드시스템을 통해 52장의 카드를 이미지로 변환하여 익히고, 카드를 외울 때는 카드 자체를 외우는 것이 아니라 변환된 이미지를 기반에 저장하는 것입니다.

예시된 싱글카드시스템을 참고하여 자신만의 싱글 카드시스템

A♠	우산	A♦	인형	A♥	안경	A♣	오이
2♠	눈사람	2♦	니트	2♥	나비	2♣	노트북
3♠	무	3♦	미사일	3♥	말	3♣	모자
4♠	둘리	4♦	신발	4♥	사과	4♣	소화기
5♠	수박	5♦	디카	5♥	달걀	5♣	도자기
6♠	투견	6♦	티라노	6♥	탁자	6♣	토끼
7♠	축구공	7♦	칠판	7♥	차	7♣	총
8♠	풍선	8♦	피자	8♥	파리	8♣	폭탄
9♠	구미호	9♦	기린	9♥	가방	9♣	고인돌
10♠	훌라우프	10♦	히터	10♥	화분	10♣	호랑이
J♠	주전자	J♦	지팡이	J♥	자전거	J♣	조각상
Q♠	부채	Q♦	비둘기	Q♥	바나나	Q♣	보드
K♠	쿠션	K♦	킹콩	K♥	칼	K♣	코끼리

표17. 싱글 카드시스템 : 다(多)음절

을 만들어보세요. 음절수에 제한이 없다면 많은 단어들이 떠오를 것입니다. 그중에서 가장 먼저 떠오르거나 자신에게 익숙한 단어를 고르면 됩니다. 좋아하는 연예인이나 친구들 또는 존경하는 인물로 정해도 됩니다. 카드를 보는 즉시 이미지를 눈으로 보듯이 구체적이고 생생하게 떠올릴 수 있는 단어로 정하도록 합니다.

다 만들었으면 싱글 카드시스템 52개의 이미지를 강화하여 나만의 것으로 만들어보세요. 우산(A♠)은 펼치면 파란 하늘이 보이는 내가 가장 아끼는 우산이고, 신발(4♦)은 사랑하는 딸이 생일선물로 준 것이며, 지팡이(J♦)는 할머니에게 선물한 것인데, 겉면에 할머니의 성함과 연락처가 기재되어 있습니다. 파리(8♥)는 NASA가 만든 초소형 감시 로봇이며, 자전거(J♥)는 손잡이의 버튼을 누르면 옆에서 날개가 나와 하늘을 날 수 있습니다. 이처럼 52개의 단어를 관찰하고 상상력을 발휘하여 나만의 구체적인 심상을 덧입혀 강화하도록 합니다.

이렇게 52장의 카드에 일대일로 대응하는 이미지를 모두 만든 후에 이를 이용하여 카드를 기억하는 것입니다. 즉, 스피드 카드 종목을 한다고 가정하면, 카드를 외울 때 52장의 카드에 일대일로 대응하는 이미지를 마인드 팰리스에 차곡차곡 저장하는 것입니다. 그리고 리콜할 때는 이미지를 저장했던 기반을 돌아다니면서, 저장했던 이미지를 불러내고, 그 이미지를 카드로 역변환하는 것입니다.

카드 종목은 카드를 얼마나 더 많이, 더 빨리 기억하는지를 겨루는 종목입니다. 그렇게 하려면 52장의 카드 각각을 보는 순간 변환된 이미지로 보여야 합니다. 즉, 카드를 얼마나 빨리 이미지로 변환하는지가 경기에서 좋은 성적과 직결됩니다.

처음에 설명한 기억 프로세스를 다시 보도록 하지요.

변환 – (마인드 팰리스) – 결합

카드를 보는 즉시 지정된 이미지로 변환시켜야 하고, 물 흐르듯이 자연스럽게 마인드 팰리스의 각 저장소가 떠올라야 하며, 각 저장소에 최대한 빨리 그리고 단단하게 결합해야 합니다. 무작위로 배열된 52장의 카드 자체를 기억하는 것이 아니라, 변환된 이미지를 내가 눈을 감고도 속속들이 알고 있는 나만의 궁전에 결합했기 때문에 리콜할 때 애써 카드를 기억할 필요 없이 나만의 궁전만 떠올리면 자연스럽게 궁전과 결합된 이미지가 출력되는 것입니다.

카드 PAO 시스템

PAO 시스템에 대해서는 이미 숫자 기억시스템 편에서 자세히 설명을 했습니다. 카드 PAO 시스템은 변환의 대상이 숫자가 아니라 카드라는 것만 제외한다면 숫자 PAO 시스템과 프로세스가 동일합니다.

52장의 카드에 1개의 이미지가 아니라 사람(P)-행동(A)-대상(O) 3개의 이미지를 부여합니다. 즉, 52장의 카드 각각에 오리시스템을 이용하여 사람-행동-대상을 나타내는 이미지 3개씩을 만들어 배정한 후, 카드 3장 단위로 1개의 복합 이미지를 만드는 시스템입니다.

카드 3장씩 묶어서 하나의 복합 이미지를 만들 때 카드가 가지고 있는 3가지 이미지 중에서 어떤 것을 사용할지는 카드 순서에 따라 이미 정해져 있습니다.

첫 번째 카드에서 사람(P) 이미지를 추출하고, 두 번째 카드에서는 행동(A) 이미지를 추출하고, 마지막 카드에서 대상(O) 이미지를 추출하여, 최종적으로 3장의 카드가 '사람(P)이 대상(O)을 ~하는(A)' 1장의 복합 이미지로 변환되는 것입니다.

물론 우리말의 어순에 따를 경우 두 번째 카드에서 대상(O) 이미지를, 마지막 카드에서 행동(A) 이미지를 추출하여 결합할 수도 있습니다. 그러면 PAO 시스템이 아니라 POA 시스템이 되는 것이지요. 어느 것이든 본인에게 편한 방식을 취하면 됩니다.

여기서는 PAO(주어+동사+목적어)와 POA(주어+목적어+동사)를 구분하지 않고 PAO 시스템으로 통칭하도록 하겠습니다.

카드 PAO 시스템의 예시를 보면서 설명하도록 하겠습니다.

표18~19에서 뭔가 익숙한 점이 보이지 않나요? 아마 다들 눈치챘을 것입니다. 대상(O) 이미지가 싱글 카드시스템과 동일하지요?

표18~19의 카드 PAO 시스템은 바로 싱글 카드시스템을 확장한 것입니다. 앞에서 2자릿수 시스템을 2자릿수 PAO 시스템으로 확장하는 방법을 알려드렸습니다. 카드 PAO 시스템에도 같은 방법이 적용됩니다.

싱글 카드시스템 52개의 이미지는 모두 명사입니다. 즉, 주어(P) 또는 목적어(O)가 될 수 있다는 말입니다. 52개의 이미지 중에서 사람은 모두 주어(P)로, 사람이 아닌 것은 모두 목적어(O)로 둡니다. 그

	사람(P)	행동(A)	대상(O)
A♠	우주비행사	운반하다	우산
2♠	누나	누르다	눈사람
3♠	무당	물다	무
4♠	수퍼맨	숨기다	수박
5♠	두목	둘러싸다	둘리
6♠	투수	투신하다	투견
7♠	추장	축소시키다	축구공
8♠	푸틴	풀다	풍선
9♠	구하라	구입하다	구미호
10♠	흑인	흔들다	훌라우프
J♠	주몽	줍다	주전자
Q♠	부처	부풀리다	부채
K♠	크로캅	꾸미다	쿠션
A◆	이치로	인사하다	인형
2◆	닌자	내려다보다	니트
3◆	미나	밀다	미사일
4◆	시마과장	시청하다	신발
5◆	디카프리오	디자인하다	디카
6◆	티파니	티격태격하다	티라노
7◆	치과의사	칠하다	칠판
8◆	피콜로	피구하다	피자
9◆	기자	기울이다	기린
10◆	히딩크	헤딩하다	히터
J◆	지단	집어넣다	지팡이
Q◆	비	비추다	비둘기
K◆	킬러	키스하다	킹콩

표18. 카드 PAO 시스템

	사람(P)	행동(A)	대상(O)
A♥	아기	안다	안경
2♥	나	낳다	나비
3♥	마피아	맛보다	말
4♥	싸이	쌓다	사과
5♥	다현	닦다	달걀
6♥	타잔	타게하다	탁자
7♥	차두리	차다	차
8♥	판사	파묻다	파리
9♥	간호사	가르치다	가방
10♥	하니	할퀴다	화분
J♥	장비	자르다	자전거
Q♥	박찬호	바치다	바나나
K♥	카레이서	깎다	칼
A♣	오공	올라타다	오이
2♣	농부	노크하다	노트북
3♣	목수	못질하다	모자
4♣	소방관	손질하다	소화기
5♣	도둑	돌리다	도자기
6♣	토르	통과하다	토끼
7♣	초등학생	총쏘다	총
8♣	뽀빠이	표시하다	폭탄
9♣	공군	고소하다	고인돌
10♣	호날두	홍보하다	호랑이
J♣	조던	조사하다	조각상
Q♣	보아	복제하다	보드
K♣	코난	꽂다	코끼리

표19. 카드 PAO 시스템

리고 주어 이미지만 있는 카드는 그 사람(P)에게 맞는 행동(A)과 대상(O)을 추가하고, 대상 이미지만 있는 카드는 대상(O)에 맞는 사람(P)과 행동(A)을 추가합니다.

본문에 예시된 싱글 카드시스템은 모두 대상(O)이기 때문에 대상(O)을 기준으로 사람(P)과 행동(A)을 추가했지만, 여러분의 싱글카드시스템은 사람과 대상이 혼용되어 있을 수도 있고, 사람으로만 구성되어 있을 수도 있겠지요. 그러면 그에 맞게 추가하면 됩니다.

예를 들어보겠습니다. 싱글 카드시스템에서 4♣는 소화기입니다. 소화기는 대상(O)에 해당합니다. 그러면 소화기에 어울리는 사람(P)과 행동(O)에는 어떤 것이 있을까요? 여기서는 소화기에 어울리면서도 오리시스템과 상충하지 않는 사람(P)과 행동(O)을 찾아보겠습니다.

카드	대상(O/목적어)	(오리시스템)	사람(P/주어)	행동(A/동사)
4♣	소화기	(소)	소방관	손질하다

소화기는 화재가 발생했을 때 불을 끄는 기구를 말합니다. 그러면 소화기와 잘 어울리는 사람 중에서 '소'로 시작하는 사람은 '소방관'이 대표적입니다. 그리고 소방관이 소화기로 할 수 있는 행동 중에서 '소'로 시작하는 동사이면서, 52장의 카드 각각의 행동(A)과 중복되지 않는 동사로 '손질하다'가 있습니다.

그런데 예시된 카드 PAO 시스템은 사람-행동-대상이 서로 어울려 보이지 않는 것이 많지요?

이것은 첫째, 오리시스템을 적용하여 PAO 시스템을 구성하려고 하다 보니 서로 어울리는 이미지를 찾기 힘들고 둘째, 오리시스템이 적용되면서 서로 어울리는 이미지를 찾았어도 다른 카드에 이미 정한 이미지와 비슷할 경우 이미지의 중복을 피하기 위해 제외했기 때문입니다. 마지막으로 굳이 사람-행동-대상이 서로 어울리는 이미지만을 찾는 것을 고집할 필요가 없다는 점을 알려드리기 위해서 의도적으로 구성한 측면이 있습니다.

카드 PAO 시스템을 구성하는 방법은 다양합니다. 표18~19의 카드 PAO 시스템과 같이 오리시스템을 적용하여 구성해도 좋고, 싱글 카드시스템에서 카드 PAO 시스템으로 확장할 때 오리시스템에 구애받지 말고 자유롭게 단어(PAO)를 구성해도 좋습니다. 처음에는 오리시스템을 적용하여 구성하는 것이 익히기에 쉽지만, 어떤 방식으로 PAO 시스템을 만들더라도 꾸준히 익힌다면 결국에는 똑같습니다.

저는 표18~19처럼 PAO를 구성했지만, 선수마다 모두 다릅니다. 정답은 없습니다. 다른 사람이 보기에 생뚱맞고 전혀 어울리지 않은 것이라도 본인에게 맞는 것이라면 상관없습니다. 사전에 없는 단어나 비속어, 은어, 신조어라도 괜찮고, 심지어 본인이 직접 만든 나만의 단어라도 상관없습니다. 나만의 시스템을 만드는 것이므로 철저하게 본인 위주로 만들어야 합니다. 이렇게 본인이 가장 잘 떠올릴 수 있는 이미지로 정해서 시스템을 완성하면 됩니다.

다만, 시스템을 완성할 때 주의할 점이 있지만, 이는 숫자 PAO 시스템 편에서 자세히 설명했으니 간단히 짚고 넘어가겠습니다.

첫째, 대상(O)은 구체적인 형상을 가진 명사여야 합니다. 둘째, 사람(P)의 행동(A)은 구체적 움직임을 수반해야 하며, 대상(O)에게 직접 물리적인 작용을 하는 것이 좋습니다. 셋째, 이미지의 중복이나 간섭이 없어야 합니다.

하지만 위 3가지 모두 본인의 입장에서만 해당되는 말입니다. 예컨대, '보다' 같은 동사는 구체적 움직임이 없고, 대상에게 물리적인 작용을 하지 않으므로 3개(PAO)의 이미지를 1개의 복합 이미지로 압축하기가 쉽지 않으므로 피하라고 했습니다. 하지만 '보다'를 자기만의 심상으로 시각화할 수 있고, 물리적인 동작을 부여한다면 상관없습니다. 즉, 나만의 '보다'는 '내 눈에서 레이저 광선이 대상에 쏘여져 대상을 꿰뚫어 보는 것'을 의미하고 이를 시각화할 수 있다면 아무런 문제가 없습니다.

또한 남이 보기에 똑같은 이미지라도 본인이 보기에는 중복되지 않고 확실히 구분이 된다면 전혀 상관이 없습니다. 나만의 시스템을 만드는 것이므로 다른 사람에게는 작동하지 않아도 나에게만 제대로 작동하면 좋은 시스템인 것입니다.

그러면 이해를 돕기 위해 우리말 어순(주어-목적어-동사)으로 예를 한번 들어보겠습니다.

다음에 무작위로 배열된 6장의 카드(7◆, 3♣, 4♠, Q♥, 5♣, J◆)를 표 20의 카드 PAO 시스템 이용하여 2개의 복합 이미지로 만들어 보겠습니다.

7◆ − 3♣ − 4♠ : 치과의사(P)가 모자(O)을 숨기다(A)

Q♥-5♣-J◆ : 박찬호(P)가 도자기(O)를 집어넣다(A)

만약 주어(P)-동사(A)-목적어(O) 어순으로 한다면 다음과 같이 되겠지요.

7◆-3♣-4♠ : 치과의사(P)가 → 못질하다(A) → 수박(O)에

Q♥-5♣-J◆ : 박찬호(P)가 → 돌리다(A) → 지팡이(O)를

	사람(P/주어)	대상(O/목적어)	행동(A/동사)
7◆	치과의사	칠판	칠하다
3♣	목수	모자	못질하다
4♠	수퍼맨	수박	숨기다
Q♥	박찬호	바나나	바치다
5♣	도둑	도자기	돌리다
J◆	지단	지팡이	집어넣다

표20. 카드 PAO 시스템 예시

이미 숫자 PAO 시스템을 배웠기 때문에 금방 이해가 되지요? 위와 같이 카드 PAO 시스템을 통해 만든 복합 이미지를 기억저장소에 저장하면 됩니다. 1개의 저장소에 1개의 복합 이미지를 저장한다

고 했으니, 카드 PAO 시스템을 이용할 경우 카드 한 팩을 암기하는 데 총 18개의 저장소가 필요합니다. 참고로 싱글 카드시스템의 경우 1개의 저장소에 보통 2개의 단일 이미지를 저장하므로 총 26개의 저장소가 필요합니다.

이처럼 카드 PAO 시스템은 3장의 카드를 1개의 복합 이미지로 만들어주기 때문에 마인드 팰리스에 저장할 이미지의 수를 줄여줍니다.

즉, 싱글 카드시스템은 1개의 이미지 안에 1개의 카드 정보만 담고 있지만, 카드 PAO 시스템에서는 사람-행동-대상이 합쳐져 구성된 1개의 복합 이미지 안에 3장의 카드 정보가 담겨 있으므로 한정된 공간에 더 많은 정보를 담을 수 있는 시스템인 것입니다.

또한 복합 이미지를 만들기 위해 에너지를 소모할 필요가 없습니다. 카드 1장에 지정된 3개의 이미지가 각각 주어(사람), 동사(행동), 목적어(대상)로 이루어져 있으므로, 굳이 상상력을 발휘하지 않아도 자동적으로 카드 3장의 이미지가 1개의 스토리를 가진 복합 이미지로 압축이 되기 때문입니다.

카드 PAO 시스템에 익숙해지면 카드 3장이 복합 이미지 1개로 변환되므로 결과적으로 시간단축에 효과가 있습니다. 물론 52장의 카드 각각에 1개가 아닌 3개의 부분 이미지를 구축해야 하고, 또 이를 순간적으로 1개의 복합 이미지로 압축하는 훈련을 해야 하기 때문에 싱글 카드시스템보다 익숙해지는데 많은 시간을 투자해야 합니다.

더블 카드시스템 (투 카드시스템)

　　　　　　　　　　더블 카드시스템은 카드 1장씩 외우는 싱글 카드시스템을 카드 2장씩 외우는 것으로 확장시킨 시스템입니다.

싱글 카드시스템이 말 그대로 1장의 카드를 1개의 이미지로 변환시켜 기억하는 시스템이라고 한다면, 더블 카드시스템은 2장의 카드를 하나의 이미지로 변환시켜서 기억하는 시스템입니다. 예컨대, 오리시스템을 이용하여 A♥9◆를 읽으면 '아기'라고 발음이 되며, 이는 '아기'의 이미지로 변환됩니다.

이처럼 더블 카드시스템은 오리시스템을 기반으로 하여 연속된 카드 2장을 1개의 단일 이미지로 변환하여 기억저장소에 결합하는 방법입니다.

카드 1팩은 총 52장이므로 카드 2장씩 한 이미지를 구성한다면 카드 1팩은 총 26개(52÷2=26)의 이미지로 변환이 됩니다. 싱글 카드시스템에 비해 저장하는 이미지 수가 절반으로 줄어들기 때문에 아주 속도가 빠릅니다. 현재 사용되고 있는 시스템 중 가장 빠른 시스템으로 알려져 있지만, 그만큼 익히기가 매우 힘이 듭니다.

즉, 카드의 개수가 총 52장이므로 2장을 뽑았을 때 나올 수 있는 경우의 수가 2704개(52×52=2704)입니다. 실제로는 똑같은 카드가 2장 연속해서 나오는 경우는 없으므로 2652개(2704-52=2652)만 외우는 사람도 있지만, 보통은 2704개의 이미지를 다 외우므로, 어찌됐든 약 2700개 내외의 이미지를 익혀야 합니다.

이처럼 더블 카드시스템은 숙달만 된다면 세계 기록을 노려볼 수 있을 정도로 빠른 시스템이긴 하지만, 외워야 할 이미지 수가 너무 많습니다. 싱글 카드시스템의 경우 52개의 이미지만 외우면 되고, 카드 PAO 시스템의 경우 156개(52×3=156)의 이미지만 외우면 되지만, 더블 카드시스템의 경우 싱글 카드시스템의 52배, 카드 PAO 시스템의 17배가 넘는 이미지를 외워야 합니다.

일단 이미지 2704개를 만드는 것 자체가 매우 방대한 작업입니다. 앞에 예시를 든 A♥9◆(아기)와 달리, 변환이 까다로운 음절 조합이 많습니다. 또한 변환의 모든 방법을 동원하여 2704개의 이미지를 만들었다고 하더라도, 이 2704개나 되는 연속된 카드 2장을 보자마자 지정된 이미지로 즉시 변환할 정도가 되려면 많은 시간과 노력이 필요합니다.

하지만 빠르게 외울 수 있다는 아주 큰 장점이 있기 때문에 위와 같은 단점에도 불구하고 많은 선수들이 더블 카드시스템에 도전을 하고 있습니다.

표21은 52장의 카드 중에서 A♥로 시작하는 모든 경우(pair)의 수를 더블 카드시스템화한 것입니다. 더블 카드시스템을 제대로 운용하기 위해서는 표21의 52배나 되는 시스템을 만들어서 외워야 합니다.

생각보다 분량이 어마어마하지요? 따라서 초보자의 경우에는 더블 카드시스템보다는 싱글 카드시스템이나 카드 PAO 시스템으로 시작하기를 권합니다.

그러면 이해를 돕기 위해 더블 카드시스템을 활용하여 카드를 외워보도록 하겠습니다.

카드	(발음)	이미지 변환	카드	(발음)	이미지 변환
A♥A♠	아우	아우	A♥A♥	아아	알약
A♥2♠	아누	안느(안정환)	A♥2♥	아나	아나운서
A♥3♠	아무	앞문	A♥3♥	아마	안마사
A♥4♠	아수	아수라	A♥4♥	아사	악사
A♥5♠	아두	아들	A♥5♥	아다	아담
A♥6♠	아투	아트	A♥6♥	아타	알탕
A♥7♠	아추	양쯔강	A♥7♥	아차	야차
A♥8♠	아푸	악플	A♥8♥	아파	아파트
A♥9♠	아구	아구찜	A♥9♥	아가	아가씨
A♥10♠	아후	야후	A♥10♥	아하	아하
A♥J♠	아주	아주대	A♥J♥	아자	야자수
A♥Q♠	아부	아부꾼	A♥Q♥	아바	알바
A♥K♠	아쿠	아쿠아리움	A♥K♥	아카	아카시아
A♥A♦	아이	아이	A♥A♣	아오	아오지탄광
A♥2♦	아니	아내	A♥2♣	아노	아놀드슈왈제네거
A♥3♦	아미	아미파	A♥3♣	아모	아몬드
A♥4♦	아시	아시아	A♥4♣	아소	암소
A♥5♦	아디	아디다스	A♥5♣	아도	악동뮤지션
A♥6♦	아티	안티	A♥6♣	아토	아톰
A♥7♦	아치	아치	A♥7♣	아초	암초
A♥8♦	아피	압핀	A♥8♣	아포	아폴로
A♥9♦	아기	아기	A♥9♣	아고	아고라
A♥10♦	아히	안희정	A♥10♣	아호	야호
A♥J♦	아지	아지트	A♥J♣	아조	야조
A♥Q♦	아비	아비	A♥Q♣	아보	악보
A♥K♦	아키	양키즈	A♥K♣	아코	아코디언

표21. 더블 카드시스템 예시 : A♥(52쌍)

카드	(발음)	이미지 변환
5♥7♠	다추	단추
4♥A♦	사이	싸이
Q♠6♥	부타	부탄가스
9♣J♣	고조	고종황제

표22. 더블 카드시스템 예시

위에 무작위로 배열된 8장의 카드(5♥, 7♠, 4♥, A♦, Q♠, 6♥, 9♣, J♣)
를 표22의 더블 카드시스템을 이용하여 2장에서 기억저장소 지정
하기 실습을 했던 그림4(95쪽) 원룸 기반의 1번(전등)과 2번(에어컨)
저장소에 결합해 보겠습니다.

1번 저장소 : 전등 (5♥7♠ / 4♥A♦)

천장의 전등을 보니 표면에 단추(5♥7♠)가 보입니다. 궁금해서
단추를 눌러 보았더니 갑자기 전등이 싸이키 조명등으로 바뀌더니
갑자기 수백 명의 싸이(4♥A♦)가 나와서 집단으로 말춤을 춥니다.

2번 저장소 : 에어컨 (Q♠6♥ / 9♣J♣)

더워서 에어컨을 켰는데, 에어컨 바람에서 이상한 냄새가 납니
다. 무슨 냄새인지 맡아보니 부탄가스(Q♠6♥) 냄새입니다. 가스가
폭발할까봐 걱정되어 큰소리로 "가스!"라고 외치면서 사람들을 밖으

로 대피시켰습니다. 의로운 행동을 했다면서 고종황제(9♣J♣)께서 훈장을 주십니다. 훈장을 받고 고종황제와 같이 대한독립만세를 외칩니다.

목적어가 먼저냐? 동사가 먼저냐?

PAO 시스템의 사용에서 PAO(주어+동사+목적어) 방식으로 할지 POA(주어 +목적어+동사) 방식으로 할지 고민을 하는 경우가 상당히 많습니다. 즉, 영 미권 어순인 PAO(주동목)로 하는 것이 좋을지, 아니면 우리말 어순에 맞게 POA(주목동)로 하는 것이 좋을지 쉽게 선택하지 못하는 경우입니다.

어느 것을 선택해도 익숙해지면 결과는 같습니다. 두 가지 모두 장단점이 있습니다.

PAO 방식은 주어(P)의 입장에서 사고의 흐름대로 이미지가 자연스럽게 구축이 된다는 장점이 있는 반면, 영어에 익숙하지 않은 한국인의 경우 우 리말과 어순이 다르므로 스토리 파악이 POA 방식보다 늦습니다. 반면에 POA 방식의 경우 우리말 어순이므로 스토리 파악이 PAO 방식에 비해 빠 르지만, 복합 이미지가 PAO 방식만큼 자연스럽게 구축되지는 않습니다.

하지만 일단 시스템에 익숙해지면 복합 이미지 구축 과정이 그야말로 순 식간에 이루어지기 때문에, 위에 소개한 장단점이 유명무실해집니다. 실제 로 세계 상위권의 선수 중에 PAO 방식을 사용하는 선수도 있고, POA 방식 을 사용하는 선수도 있습니다. 그러므로 PAO 방식이든 POA 방식이든 본 인에게 편한 방식을 취하면 됩니다. 저는 처음부터 PAO 방식으로 시작했기 때문에 PAO를 사용하고 있지만, 초보자의 경우 우리말 어순인 POA 방식 으로 시작하는 것이 시스템을 익히기에 한층 편할 것으로 생각됩니다.

카드 PAO 시스템 변환 훈련 방법

1단계

먼저 카드를 각자의 시스템에 따라 빠르게 읽을 수 있어야 합니다. 즉, 카드를 빠르게 넘기면서 52장의 카드에 대응하는 우리말 단어(P–A–O–P–A–O–P…)를 1분 내로 빠르게 발음할 수 있어야 합니다.

2단계

1단계가 충분히 익숙해졌다면, 카드를 언어의 개입 없이 이미지로 바로 변환하는 연습을 하세요. 즉, 카드를 한 장씩 빠르게 넘기면서 이미지 변환을 하되, 카드 순서에 따라 주어–목적어–동사 중 하나의 이미지가 언어의 개입 없이 떠올라야 합니다. 2단계도 카드 1팩을 1분 내로 할 수 있도록 연습합니다.

3단계

2단계가 충분히 익숙해졌다면, 이제 복합 이미지를 만드는 연습하도록 합니다. 카드를 빠르게 넘기면서 연속된 카드 3장 단위로 1개의 PAO 복합 이미지를 머릿속에 만드는 연습을 하는 것입니다. PAO 시스템은 3개의 단일 이미지를 1개의 복합 이미지로 자동 변환시키는 것이기 때문에, 원래부터 하나의 이미지였던 싱글 카드처럼 이미지가 생생하게 떠오르지 않습니다. 이는 이미지 강화가 충분치 않아서 생기는 현상이니, 복합 이미지를 만드는 연습과 더불어 이미지 강화 훈련도 꾸준히 하시기 바랍니다.

어린이의 경우에는 카드 PAO 시스템을 사용하기에 버거울 수 있으므로, 가능하면 싱글 카드시스템을 사용하기를 권합니다. 세계 랭킹 상위권 선수들 중에 싱글 카드시스템을 사용하는 선수도 있을 만큼, 싱글 카드시스템도 제대로 익히면 다른 시스템 못지않게 충분히 좋은 기록을 달성할 수 있습니다.

참고로 2단계 훈련을 할 때, 글자(언어)만 보면서 연습할 경우 이미지 변환이 쉽지 않습니다. 물론 글자를 보고 머릿속으로 상상하여 이미지화 할 수도 있지만, 글자(언어)로 된 PAO가 아닌, 이미지화 된 PAO를 직접 보고 연습하는 것이 더욱 효율적입니다. 저는 PAO 이미지를 익힐 때, 52장의 카드 각각에 대응하는 PAO 이미지를 출력하여, 52장의 카드 앞면에 붙여 카드와 이미지를 동시에 눈으로 보면서 연습하였습니다. 저처럼 연습용 카드를 만들어 훈련해도 되지만, 그러한 작업이 번거로울 경우 인터넷에서 이미지를 캡처하여 스마트폰에 저장한 후 틈틈이 이미지를 보는 방법도 좋습니다.

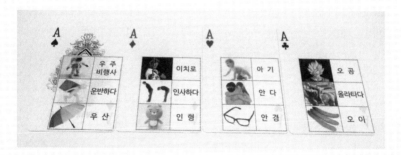

직접 만든 연습용 PAO 카드

변환 이미지 강화

2장에서 저장소의 강화는 리콜(재생)이 잘되는 결합방법을 적용하기 쉬운 상태의 기억 저장소로 만드는 것을 말한다고 했습니다. 비유하자면 자신의 마인드 팰리스를 손님을 끌어당기고 이용후기가 좋은 호텔처럼, 항상 깨끗하게 정돈하여 관리가 잘된 호텔로 만드는 것입니다.

그런데 이에 덧붙여 투숙할 손님이 누구인지 미리 알고 있다면 어떨까요? 즉, 어떤 손님이 방문할지 모르는 것이 아니라, 투숙객의 정보를 미리 알고 있다면 그 손님의 취향에 맞는 맞춤형 서비스를 제공할 수 있을 것입니다. 그러면 당연히 그 손님의 만족도는 올라갈 것이고, 더 오래 머무르고 싶은 호텔이 될 수 있을 것입니다.

기억저장소에 저장할 이미지의 강화란 바로 투숙이 예정된 손님의 특성과 취향을 파악하는 것을 말합니다. 여기서 투숙이 예정된 손님이란 기억력스포츠에서 숫자와 카드를 말합니다. 숫자와 카드 종목은 무엇을 외울지 미리 정해져 있으니까요.

즉, 이름&얼굴이나 무작위 단어 종목과 같이 저장해야 할 정보(대상)를 미리 알 수 없는 종목은 제외하고, 숫자나 카드 종목에서는 각자가 사용하는 기억시스템에 따라 숫자와 카드에 대응하는 변환 이미지가 미리 정해져 있으므로 평소에 변환 이미지를 강화해 두는 것이 좋습니다.

변환 이미지의 강화 방법은 저장소의 강화와 동일하게 하면 됩니다. 단, 한 가지 주의할 부분은 기억저장소는 그 자체가 이미지의 형태로 머릿속에 있지만, 손님은 이미지의 형태가 아닌 숫자나 카드의 형태로 존재한다는 것입니다. 즉, 먼저 숫자나 카드를 이미지로 변환한 다음, 그 변환 이미지를 강화하는 것입니다.

그러므로 강화를 할 때에는 숫자와 카드를 이미지로 변환하는 연습을 병행해야 합니다. 즉, 암기용지에 나와 있는 암기대상(숫자, 카드)을 보는 순간, 기억시스템 상의 변환 이미지가 떠올라야 하며, 바로 그 변환 이미지를 강화하는 것입니다. 따라서 숫자와 카드를 보자마자 자동적으로 변환 이미지로 보일 정도로 이미지 변환 연습도 병행하기 바랍니다.

참고로 무작위 단어 종목처럼 예상치 못한 손님(이미지)의 경우는 대회장에서 암기용지를 펼치기 전까지는 미리 강화를 할 수 없습니다. 이러한 경우에는 즉석에서 순간적으로 이미지 강화를 하여 저장소에 결합해야 합니다. 예컨대, 사과라는 단어가 출제되었다면, 그냥 사과가 아니라 스티브 잡스가 한입 베어 먹은 사과, 어릴 적 등교하기 전에 아침마다 어머니가 깎아주셨던 사과, 버스만큼 커다란 사과 등 순간적으로 특성을 부여하여 이미지 강화를 함과 동시에 저장소에 결합하는 것입니다. 이미지 강화에 신경 쓰면서 꾸준히 연습하다 보면 자연스럽게 되는 부분이니 처음에 잘 되지 않는다고 걱정할 필요는 없습니다.

이진수 기억시스템

이진수 기억시스템은 10가지 종목 중 이진수 종목에만 적용됩니다. 하지만 디지털 시대를 살고 있는 현대인에게 있어 대단히 흥미로운 종목이라고 생각하며, 기억시스템 면에서도 연구해볼 여지가 많은 종목 중 하나입니다.

십진수 변환시스템

십진수 변환시스템은 초보자들이 가장 쉽게 사용할 수 있는 방법입니다. 1장에서 설명하기를 기억력스포츠에서 수의 진법을 알아야 하는 이유는 바로 이진수라는 종목이 있기 때문이라고 했습니다. 그리고 이진수 종목의 대표적 기억시스템인 십진수 변환시스템을 이해하기 위해서 이진수와 십진수를 상호 변환하는 방법에 대해 알려드렸습니다.

십진수 변환시스템은 글자 그대로 이진수를 십진수로 변환시켜 외우는 것입니다. 십진수(숫자) 기억시스템은 앞에서 설명 드렸으니, 그 중 하나를 선택해서 적용하면 됩니다. 먼저 수의 진법 파트에서 소개한 3자릿수로 표현되는 이진수의 모든 경우의 수를 십진수로 변환한 표를 다시 보도록 하겠습니다.

$$000 = (0 \times 2^2) + (0 \times 2) + 0 = 0$$
$$001 = (0 \times 2^2) + (0 \times 2) + 1 = 1$$
$$010 = (0 \times 2^2) + (1 \times 2) + 0 = 2$$
$$011 = (0 \times 2^2) + (1 \times 2) + 1 = 3$$
$$100 = (1 \times 2^2) + (0 \times 2) + 0 = 4$$
$$101 = (1 \times 2^2) + (0 \times 2) + 1 = 5$$
$$110 = (1 \times 2^2) + (1 \times 2) + 0 = 6$$
$$111 = (1 \times 2^2) + (1 \times 2) + 1 = 7$$

위 8개의 이진수 변환표가 십진수 변환시스템의 핵심입니다. 즉, 이진수를 3자리씩 묶어서 십진수로 변환시켜, 숫자(십진수) 기억시스템을 이용해서 마인드 팰리스에 저장하는 것입니다.

아직 이해가 되지 않지요? 이해를 돕기 위해 예시를 들어보겠습니다.

010011101000110111010100101001

위 30개의 이진수를 십진수 변환시스템을 이용하여 십진수로 변환한 후, 2자릿수 시스템을 이용해 이미지로 변환해 보도록 하겠습니다.

이진수	0	1	0	0	1	1	1	0	1	0	0	0	1	1	0	1	1	1	0	1	0	1	0	0	1	0	1	0	0	1
십진수	2			3			5			0			6			7			2			4			5			1		
2자릿수	23						50						57						24						51					
이미지	마이클 조던						손오공						옻칠						이사						오일(oil)					

표23. 십진수 변환시스템 예시

간단하지요? 이렇게 이진수를 십진수로 변환해서 외우게 되면, 30개의 이진수가 10개의 십진수로 바뀌게 되고, 10개의 십진수는 5개의 이미지로 변환되므로, 최종적으로 30개의 이진수를 5개의 이미지로 변환시킬 수 있는 것입니다.

그런데 왜 이진수 3자리씩만 묶어서 십진수로 변환시킬까요? 그것은 이진수 4자리나 5자리를 십진수로 변환시키면, 경우의 수가 많아져서 즉각적인 변환이 힘들뿐만 아니라, 1자릿수 또는 2자릿수의 십진수로 변환되기 때문에, 숫자 기억시스템을 일관되게 적용할 수 없기 때문입니다.

참고로 표23에서는 이진수를 2자릿수 시스템을 적용하여 이미지 변환을 했지만, 2자릿수 PAO 시스템이나 3자릿수 시스템 등을 사용해도 괜찮습니다.

오리 이진수 시스템

오리 이진수 시스템은 오리 시스템을 이진수 종목에 맞게 변형시킨 것입니다. 오리시스템이 카드의 숫자와 알파벳과 문양을 이용하여, 숫자와 알파벳은 한글의 자음으로 지정하고, 문양은 모음으로 지정하여 변환한 것처럼, 오리 이진수 시스템은 이진수 3자리 묶음과 2자리 묶음에 각각 자음과 모음을 지정하여 이진수 5자리 단위로 1개의 음절을 만들고, 이진수 10자리 단위로 1개의 이미지를 만드는 것입니다.

앞에서 이미 오리시스템을 배웠기 때문에 오리 이진수 시스템도 쉽게 익힐 수 있을 것입니다.

표24와 같이 이진수 3자리는 (십진수 1자리로 변환한 후) 한글의 자음

이진수	십진수	카드	기본	확장	변환 이유
000	0	A	ㅇ		형태 변환(숫자 0 ⇒ 자음 ㅇ)
001	1	10	ㅎ	ㄹ	1을 '힐'로 발음하여 초성(ㅎ) · 종성(ㄹ)
010	2	2	ㄴ		형태 변환(2 ⇒ ㄴ)
011	3	3	ㅁ		발음 '삼'의 종성
100	4	4	ㅅ	ㅆ	발음 '사'의 초성, 형태 변환
101	5	5	ㄷ		'다섯'의 초성, 형태 변환
110	6	6	ㅌ	ㄸ	형태 변환(6 ⇒ ㅌ)
111	7	7	ㅊ	ㅉ	발음 '칠'의 초성
00		♥	ㅏ	ㅑ ㅓ ㅕ	형태 변환(입을 크게 벌리는 모양)
01		♣	ㅗ	ㅛ	형태 변환('0'에서 '1'로 오그라드는 모양)
10		♠	ㅜ	ㅠ ㅡ	형태 변환('1'에서 '0'로 부푸는 모양)
11		◆	ㅣ	ㅐ ㅔ	형태 변환(숫자 '11' ⇒ 모음 'ㅣ')

표24. 오리 이진수 시스템

으로 변환하고, 이진수 2자리는 모음으로 변환하여, 자음과 모음이 결합하여 음절 1개(이진수 5자리)를 만들고, 최종적으로 음절 2개(이진수 10자리)를 묶어 1개의 이미지로 만들어 기억저장소에 저장하는 것입니다.

아직 이해가 잘 되지 않지요? 그러면 예를 한번 들어 볼까요?

1000111001111101001101100010101

위 30개의 이진수를 표24 오리 이진수 시스템을 통해 3개의 이미지로 바꾸어보면 표25와 같습니다.

이처럼 이진수 오리시스템을 이용할 경우, 이진수 5개가 모여 1개의 음절을 구성하고, 이진수 10개가 모여 1개의 이미지를 만듭니다.

여기서 오리 이진수 시스템의 총 경우의 수를 살펴보면, 음절 1개에 올 수 있는 경우의 수가 32개(자음 8개×모음 4개)가 되므로, 음절 2개(이미지 1개)에 올 수 있는 총 경우의 수는 1024개(32개×32개)가 됩니다. 즉, 1024개의 이미지를 외워야 하는 것이지요.

이진수	1	0	0	0	1	1	1	0	0	1	1	1	1	1	0	1	0	0	1	1	0	1	1	0	0	1	0	1	0	1
카드	4		♣		6		♣		7		♠		4		♦		3		♥		5		♣							
자모음	ㅅ		ㅗ		ㅌ		ㅗ		ㅊ		ㅜ		ㅅ		ㅣ		ㅁ		ㅏ		ㄷ		ㅗ							
음절	소				토				추				시				마				도									
이미지	손톱						추신수(야구선수)						마돈나																	

표25. 오리 이진수 시스템 예시

매우 많지요? 십진수 변환시스템은 6개의 이진수를 1개의 이미지로 변환시키는데 비해, 오리 이진수 시스템은 10개의 이진수를 1개의 이미지로 변환시킵니다. 십진수 변환시스템에 비해 저장하는 이미지수가 40%나 줄어들기 때문에 속도가 빠른 대신, 익히기가 매우 힘이 듭니다.

일단 이미지를 1024개를 만드는 것 자체가 매우 방대한 작업입니다. 이진수 10개가 만드는 2개의 음절을 구체적 이미지로 만들 때 변환이 까다로운 음절 조합이 많습니다. 모든 방법을 동원하여 1024개

자음			모음		음절	자음			모음		음절
0	0	0	0	0	아	1	0	0	0	0	사
0	0	0	0	1	오	1	0	0	0	1	소
0	0	0	1	0	우	1	0	0	1	0	수
0	0	0	1	1	이	1	0	0	1	1	시
0	0	1	0	0	하	1	0	1	0	0	다
0	0	1	0	1	호	1	0	1	0	1	도
0	0	1	1	0	후	1	0	1	1	0	두
0	0	1	1	1	히	1	0	1	1	1	디
0	1	0	0	0	나	1	1	0	0	0	타
0	1	0	0	1	노	1	1	0	0	1	토
0	1	0	1	0	누	1	1	0	1	0	투
0	1	0	1	1	니	1	1	0	1	1	티
0	1	1	0	0	마	1	1	1	0	0	차
0	1	1	0	1	모	1	1	1	0	1	초
0	1	1	1	0	무	1	1	1	1	0	추
0	1	1	1	1	미	1	1	1	1	1	치

표26. 오리 이진수 시스템 : 1음절(32개)

의 이미지를 만들었다고 하더라도, 이진수 10개를 보자마자 대응되는 이미지(1024개)로 변환할 정도가 되려면 많은 시간과 노력이 필요합니다.

하지만 만약 더블 카드시스템을 사용하고 있는 경우에는 이야기가 달라집니다. 더블 카드시스템의 2704개의 이미지를 오리 이진수 시스템에 그대로 활용할 수 있으므로, 이미지를 따로 만들 필요도 없고, 따로 힘들게 외울 필요도 없습니다. 마치 2자릿수 시스템에 익숙한 사람이 십진수 변환시스템을 익히기 쉬운 것처럼 말이지요. 표25에서 이진수에 대응하는 카드를 포함시킨 이유가 바로 이 때문입니다. 따라서 오리 이진수 시스템은 더블 카드시스템과 함께 사용하는 것이 좋습니다.

표26은 한 음절에 올수 있는 32개의 모든 경우의 수를 나타낸 것입니다. 오리 이진수 시스템은 두 음절을 한 이미지로 변환시키는 것이므로, 전체 경우의 수는 표26의 32배가 됩니다.

생각보다 분량이 어마어마하지요? 따라서 초보자의 경우에는 십진수 변환시스템을 사용하기를 권합니다.

다만, 더블 카드시스템을 사용하는 사람은 오리 이진수 시스템을 사용하시는 것이 더 효율적일 것입니다.

십진수 변환시스템을 사용하든 오리 이진수 시스템을 사용하든 연습을 할 때는 결합보다는 변환에 중점을 두어 훈련해야 합니다. 두 시스템 모두 이진수를 십진수로 바꾸는 중간 단계가 있는데, 연습을 통해 중간 단계에서 소요되는 시간을 최소화해야 합니다. 종국적으로는 이진수를 십진수로 변환하는 중간 단계 없이, 이진수를 보는 즉시 이미지를 떠올릴 수 있어야 합니다. 즉, 이진수를 보는 것이 마치 이미지를 보는 것처럼 자동화될 수 있을 만큼 이미지 변환에 많은 연습을 하기 바랍니다.

십진수 변환시스템의 변형

이진수를 십진수로 변환시킬 때, 반드시 수의 진법에 따라 변환해야만 하는 것은 아닙니다. 수의 진법에 따라 이진수와 십진수를 상호 변환한 것처럼, 본인 나름의 규칙을 정해서 그 규칙대로 이진수와 십진수를 상호 변환해도 결과는 같습니다. 예컨대, 다음과 같은 이진수와 십진수의 상호 변환 규칙을 만들었다고 가정해보겠습니다.

이진수	수의 진법	나의 규칙	변환 이유
000	0	0	모두 0이므로
001	1	1	1이 1개라서
011	3	2	1이 2개라서
111	7	3	1이 3개라서
110	6	4	110이 왼쪽으로 이동하면서 2배가 됨
101	5	5	가운데 알파벳 O(오)가 있음
010	2	6	6(olo)과 모양이 비슷함(형태변환)
100	4	7	백점 만점이므로 가장 큰 7로 변환

임의로 만든 위의 규칙을 표23에 적용해보면 다음과 같이 이미지가 바뀌게 됩니다.

이진수	0 1 0	0 1 1	1 0 1	0 0 0	1 1 0	1 1 1	0 1 0	1 0 0	1 0 1	0 0 1
십진수	6	2	5	0	4	3	6	7	5	1
2자릿수	62		50		43		67		51	
이미지	유이		손오공		사슴		유치원		오일(oil)	

기억시스템을 마인드 팰리스로 활용

기억시스템을 마인드 팰리스로 활용할 수 있을까요? 이미지의 관점에서 보면 마인드 팰리스는 머릿속에 장기 기억으로 구축된 질서 있는 이미지의 집합이라고 할 수 있습니다. 즉, 기억을 저장할 구체적인 이미지(저장소)가 장기 기억으로 구축이 되어 있고, 그 이미지(저장소)에 순번이 부여되어 있어 질서 있게 저장(결합)하고 리콜할 수 있다면 마인드 팰리스로 사용하기에 손색이 없는 것이지요.

그러면 기억시스템이 위의 조건에 부합하는지 한번 살펴보겠습니다. 기억시스템을 충분히 익혔다고 가정할 경우, 기억시스템은 당연히 장기 기억으로 머릿속에 저장이 되어 있을 것입니다. 그리고 기억시스템의 변환 이미지는 구체적 이미지로 구성되어 있으며, 각 이미지에는 순번이 부여되어 있습니다. 예컨대, 2자릿수 시스템의 경우 00부터 99까지 순번이 있고, 카드 기억시스템의 경우에도 카드 순서(숫자, 알파벳, 문양 등)대로 질서 있게 배열할 수 있습니다. 그렇다면 기억시스템이 마인드 팰리스가 되지 못할 이유가 없겠지요?

예컨대, 외워야 할 것이 있는데 마인드 팰리스는 부족하고, 즉석 기반을 만들려고 해도 주위에 저장소로 삼기에 마땅한 사물이 없을 경우, 2자릿수 시스템을 100개의 저장소를 가진 기반으로 사용할 수 있습니다. 즉, 00번에서 99번까지의 각 저장소에 정보를 결합하는 것입니다. 리콜을 할 때는 2자릿수 시스템을 떠올리면서 00번부터 차례로 링크된 이미지를 리콜하면 되는 것입니다. 가능하면 평소에 기반을 충분히 만들어 두는 것이 좋지만, 급할 때는 이러한 방법도 있다는 것을 알려드립니다.

연쇄 결합

연쇄 결합이란, 마인드 팰리스를 사용하여 이미지를 저장하는 것이 아니라, 기억하고자 하는 이미지를 꼬리에 꼬리를 무는 방식으로 연쇄적으로 결합하여 기억하는 방법을 말합니다.

따라서 연쇄 결합은 모든 시스템에 적용이 가능합니다. 즉, 어떤 시스템을 이용하든 상관없이 시스템을 통해 변환된 이미지를, 즉석에서 이미지 상호간에 연결 고리를 만들어서 결합시켜 버리는 것입니다.

연쇄 결합의 가장 대표적인 예는 '원숭이 엉덩이는 빨개'라는 동요에서 찾을 수 있습니다.

원숭이 엉덩이는 빨개

빨가면 사과

사과는 맛있어

맛있으면 바나나

바나나는 길어

길면 기차

기차는 빨라

빠르면 비행기

비행기는 높아

높으면 백두산

백두산은 뾰족해

뾰족하면 가시

가시는 무성해

무성하면 소나무

원숭이 - 사과 - 바나나 - 기차 - 비행기 - 백두산 - 가시 - 소나무

위와 같이 8개의 이미지(단어)의 특징을 잡아 연쇄적으로 결합하여 한 단어만 기억하면 다음 단어가 자연스럽게 생각나도록 구성하는 것이 연쇄 결합입니다. 물론 위의 예시는 동요에 불과하므로 저렇게 단순한 방식으로 연쇄 결합을 구성하면 금방 잊어버리게 됩니다. 실제 사용할 때에는 관찰력과 상상력을 발휘하여 위 동요보다는 정교하게 구성하여 결합해야 합니다.

이러한 연쇄 결합은 대단히 직관적인 방법이라 기억법을 모르는 사람들도 자연스럽게 사용하고 있는 경우가 많습니다. 저는 10자리에서 20자리의 수를 기억할 일이 있을 때는 굳이 기반을 사용하지 않고 연쇄 결합으로 기억을 하는 편입니다.

제가 실제로 외웠던 예시를 한번 들어보겠습니다. 아래 번호는 문자(SMS)로 받은 피자 할인 쿠폰이었는데, 모바일로 주문할 때 그냥 외워서 직접 입력했습니다. 하지만 숫자가 12개에 불과하여 굳이 기반에 저장하지는 않고, 2자릿수 시스템을 이용하여 다음과 같이 즉석에서 연쇄적으로 결합했습니다.

426151231896

싸이가(42)에 유일신(61)의 몸에 오일(51)을 발라주니, 유일신이 답례로 마이클 조던(23)이 광고하는 신발(18)을 구유(96)에 담아 하사한다.

이처럼 스토리를 꾸며 각 이미지를 연쇄적으로 결합하는 것이 바로 연쇄 결합 기억법입니다. 이미지 강화가 충분히 되어 있는 경우에는 위와 같이 간단하게 결합해도 리콜에 무리가 없습니다.

이렇듯 연쇄 결합은 외워야 할 분량이 적고, 외운 것을 바로 사용할 경우에는 유용

한 방법이지만, 외워야 할 분량이 많고 오래 기억할 필요가 있다면 한계가 있기 때문에 권장하는 방식은 아닙니다.

또한 연쇄 결합은 앞에서부터 차례대로 기억하는 방법이므로 마인드 팰리스와 같이 기억하고자 하는 부분이 어디에 위치해 있더라도 즉시 재생할 수 있는 장점이 없습니다. 또한 마인드 팰리스는 리콜하는 중간에 막히더라도 그 부분을 건너뛰고 다음 부분으로 넘어갈 수 있지만 연쇄 결합은 그렇지 않습니다.

그렇기 때문에 기억력스포츠에서 연쇄 결합은 거의 사용되지 않습니다. 물론 기억력스포츠에서도 일부 종목에 한해 연쇄 결합을 이용하는 선수들이 있습니다만, 이 책을 읽는 여러분은 연쇄 결합을 참고로만 알아두시고, 마인드 팰리스를 사용하여 저장하길 바랍니다.

4장

도전 대회 10 종목

: 규칙과 전략 마스터하기

규칙과 전략
마스터하기

이름&얼굴
기억하기

기억력스포츠는 10개의 종목으로 나누어 대회를 치르고 있으며, 각 종목마다 종목별 순위를 정하고, 또 종목별 점수를 합산하여 종합 순위를 정합니다. 쉽게 말해 올림픽 체조와 우승자 결정방식이 비슷하다고 생각하시면 됩니다. 즉, 기억력을 겨루는 10개의 종목별로 챔피언이 있고, 또한 종합 챔피언도 따로 있는 것이지요.

기억력을 측정하고 경쟁하는 방법은 여러 가지가 있을 수 있겠지만, 세계기억력스포츠협회World Memory Sports Council에서 공인하는 정식 종목은 10개입니다.

그럼 지금부터 10개 종목의 규칙(암기 시간, 리콜 시간, 점수산정 방식)과 경기전략에 대해 알아보도록 하겠습니다.

먼저 이름&얼굴 종목은 주어진 시간 내에 최대한 많은 사람들의 이름과 얼굴을 기억하는 종목입니다.

이름&얼굴	Names and Faces
이진수	Binary Numbers
무작위 숫자	Random Numbers
추상적 이미지	Abstract Images
스피드 숫자	Speed Numbers
역사/연도	Historic /Future Dates
플레잉 카드	Playing Cards
무작위 단어	Random Words
불러주는 숫자	Spoken Numbers
스피드 카드	Speed Cards

세계기억력스포츠협회 공인 10종목

이름&얼굴Names and Faces 종목의 암기 시간과 리콜 시간은 다음과
같습니다.

시간 \ 기준	국가기준	국제기준	WMC 기준
암기 시간	5분	15분	15분
리콜 시간	15분	30분	30분

암기 시간memorization time

먼저 이름&얼굴 종목 시작에 앞서 얼굴과 이름이 인쇄되어 있는
암기용지가 배부됩니다. 암기용지에는 머리부터 어깨까지의 상반신
이 나오는 인물 사진이 컬러로 인쇄되어 있고, 사진 바로 밑에 이름
과 성이 적혀 있습니다.

인물 외에 다른 기억의 단서를 주지 않기 위해 사진의 배경은 모
두 흰색입니다. 즉, 인물 외에는 배경이 없습니다.

그리고 참가 선수의 인종, 국적, 문화, 사용언어 등에 따른 유불리를 최대한 방지하기 위해, 인물 사진은 인종별로 다양하게 구성되어 있고, 이름 역시 동서양의 다양한 이름으로 구성되어 있습니다. 또한 인물 사진 선정 시 성별과 연령도 고려하기 때문에 남녀의 비율과 연령대별 비율도 고르게 분포되어 있습니다.

암기용지의 인물 사진은 대회가 치러지는 시점의 세계 기록보다 20% 더 많이 인쇄되어 있기 때문에, 세계신기록을 수립할 수 있도록 구성하고 있습니다.

하지만 대회에 참가 신청을 할 때 본인이 스스로의 수준을 고려하여, 그보다 적은 암기용지 선택하여 교부받을 수 있습니다. 즉, 한 페이지도 다 외우기 벅찬 초보자가 굳이 암기용지 전체를 다 받을 필요는 없는 것이지요.

인물 사진 아래에 이름과 성이 있는데, 서양식으로 이름first name과 성last name의 순서로 적혀 있습니다. 따라서 리콜용지에도 이름, 성의 순으로 기입해야 합니다.

대회의 공정성을 위해 이름과 성은 무작위로 결합되고, 무작위로 얼굴에 배정되기 때문에 우리가 일반적으로 알고 있는 상식에서 벗어난 조합이 나올 수 있습니다.

예컨대, 서양인 얼굴에 동양식 이름이 나올 수 있고, 동양식 성과 서양식 이름이 결합될 수도 있습니다.

참고로 외국에서 개최되는 대회에 참가할 경우 영어에 자신이 없는 경우 한국어로 번역된 암기용지를 제공하니 대회 참가 신청을 할 때 미리 요청하면 됩니다.

그림7. **이름&얼굴 암기용지**(출처 : 홍콩기억력스포츠협회)

리콜 시간Recall time

주어진 암기 시간이 종료되면, 대회 진행요원이 암기용지를 회수하고, 리콜용지를 나누어줍니다. 이름과 얼굴을 순서대로 외워 적는 편법을 방지하기 위해 리콜용지는 암기용지와 다르게 인물 순서가 무작위로 재배치되어 있습니다. 인물 전체가 무작위로 재배치되므로 페이지가 바뀌어 나오기도 합니다. 즉, 암기용지에는 첫째 쪽에 있었던 인물이, 리콜용지에는 마지막 쪽에 나올 수도 있습니다.

심판arbiter의 신호로 리콜이 개시되면 주어진 시간 안에, 리콜용지에 재배치된 인물 사진 아래의 빈칸에 이름과 성을 정확히 기재하면 됩니다.

그림8. **이름&얼굴 리콜용지(출처 : 홍콩기억력스포츠협회)**

점수 산정 방식

이름first name을 정확히 적었을 경우 1점이 부여되며, 성last name을 정확히 적었을 경우에도 1점이 부여됩니다. 즉, 한 인물의 이름과 성은 각각 산정하며 그중 하나만 정확히 적어도 1점의 점수가 부여되며, 이름과 성을 모두 맞추면 2점을 획득합니다.

이름을 적었다고 하더라도 모든 철자가 정확해야 합니다. 한 글자라도 틀리게 적었다면 점수가 부여되지 않습니다. 이름을 틀리게 적어도 감점은 없으므로, 정확히 기억이 나지 않는다고 하더라도 최선을 다해 생각나는 만큼 리콜용지에 적는 것이 좋습니다.

만약 외우지 못했거나 전혀 기억이 나지 않는다면 그냥 비워두면 됩니다. 적지 않고 비워두었다고 해서 감점이 되지는 않습니다.

또한 이름을 정확히 적었다고 하더라도 성과 이름을 바꿔 적으면 틀린 것으로 간주합니다. 반드시 암기용지에 적힌 이름-성의 순서대로 기재해야 합니다.

이때 이름 또는 성을 중복해서 적지 않도록 합니다. 만약 같은 이름이나 성을 중복해서 적을 경우, 세 번째부터는 1회당 0.5점의 감점이 있으니 유의해야 합니다.

여기서 세 번째부터 감점이 있다는 말은, 두 번까지의 중복은 허용한다는 뜻이니 대회에서는 이 규정을 잘 활용해야 합니다.

예컨대, 특정 인물의 이름에 '장금'이라는 말이 들어가는 것은 기억나는데, 그게 이름인지 성인지 헷갈릴 경우, 두 번까지의 중복은 감점이 없으므로 한 곳만 찍어서 적는 것보다는 이름과 성 두 곳 모두 '장금'이라고 중복해서 기입하는 것이 좋습니다.

단, 세 번째부터는 1회에 0.5점씩 감점이 되니, 같은 이름을 리콜용지에 세 번 이상 적지 않도록 주의해야 합니다.

총득점에서 감점을 차감한 점수가 본인의 최종 점수score가 됩니다. 만약 최종 점수가 소수점이라면 반올림을 합니다. 예컨대, 최종 점수가 30.5점이면 31점이 되는 것입니다.

전략strategy

얼굴은 이미지이므로 기억하기에 어렵지 않지만, 이름은 그렇지 않습니다. 일상생활에서도 한 번 만났던 사람을 한참이 지난 후에 다시 보게 될 경우, 얼굴은 기억이 나더라도 이름은 기억이 나지 않는 경우가 많습니다. 그 이유는 전혀 다른 얼굴을 한 두 사람이 같은 이름을 가지고 있는 경우처럼, 얼굴과 이름 사이에는 아무런 관련성이 없기 때문입니다. 그러므로 이름&얼굴 종목에서는 이름과 얼굴의 관련성을 '억지로라도' 만드는 것이 핵심이 되며, 그 전략은 3단계로 구성이 됩니다.

1단계 : 먼저 인물 사진을 보고 특징을 잡아야 합니다. 이때 얼굴 생김새뿐만 아니라 그 인물이 착용하고 있는 모든 것을 활용하도록 합니다. 이목구비에서 독특한 부분이 있는지, 피부색은 무엇이며, 흉터나 문신이 있는지, 머리카락 색깔과 헤어스타일은 어떤지, 머리띠, 귀걸이, 목걸이, 안경 등 특징 있는 액세서리를 착용했는지, 어떤 표정을 짓고 있으며, 어떤 동작을 하고 있는지, 어떤 옷을 입고 있는지 등등.

2단계 : 다음으로 이름을 보겠습니다. 2장에서 배운 이미지 변환 방법(발음·형태·의미 변환)을 모두 활용하여, 이름을 이미지로 변환해보세요. 쉽게 변환이 안 되는 이름이라면, 이름 또는 성 둘 중 하나만 변환해도 좋습니다.

3단계 : 2단계에서 변환된 이미지를 1단계에서 찾은 인물의 특징에 링크시킵니다.

이름&얼굴 종목에서는 마인드 팰리스를 따로 사용하지 않습니다. 왜냐하면 1단계에서 찾은 인물의 특징이 곧 기억저장소가 되기 때문입니다.

즉, 리콜용지에 인물 사진이 인쇄되어 있으므로 굳이 인물 특징을 별도의 기반에 저장할 필요 없이, 인물 특징 그 자체를 기억저장소로 활용하는 것이 효율적입니다.

이해를 돕기 위해 예를 한번 들어보겠습니다.

쉐 유리칙

1단계 : 풍성한 머리 모양과 머리를 잡고 있는 동작이 확연히 눈에 띕니다.

2단계 : 쉐는 영단어 'she[ʃiː]'와 발음이 비슷하므로 she(그녀)로 변환하고, 유리칙은 유리와 칡으로 발음 변환하겠습니다.

3단계 : 그녀(She/쉐)의 풍성한 머리에 유리가 박혀있어서, 내가 그녀의 머리에서 '유리'를 '칙'하고 뽑아내자 머리 모양이 칡처럼 변한 것을 그려보세요. 그녀가 아파하며 비명을 지르자 내가 '쉬(쉐)'하면서 조용히 하라고 하는 장면까지 덧붙이면 이름을 이중으로 결합하는 것이므로 리콜이 더욱 잘 될 것입니다.

위와 같이 인물 사진에서 포착한 특징을 기억저장소로 삼아 이름을 변환한 이미지를 빠르게 인물의 특징(기억저장소)에 결합하면 되는 것입니다.

문제(암기대상)의 이미지 변환을 기억시스템의 도움을 받아 하는 다른 종목과 달리, 이름&얼굴 종목은 즉석에서 이미지 변환을 하고 기억저장소를 만들어야 하는 종목이므로 처음에는 어려워하는 사람들이 많습니다.

하지만 다른 종목보다 관찰력과 상상력을 더 많이 발휘해야 하는 종목이므로 많은 사람들의 사랑을 받고 있으며, 실제로 연습을 계속 하다보면 이 종목의 매력을 느낄 수 있을 것입니다.

이진수 기억하기

주어진 시간 내에 최대한 많은 이진수를 기억하는 종목입니다. 이진수Binary Numbers 종목의 암기시간과 리콜시간은 다음과 같습니다.

기준 시간	국가 기준	국제 기준	WMC 기준
암기 시간	5분	30분	30분
리콜 시간	15분	60분	60분

암기 시간

먼저 이진수 0과 1로만 가득 찬 암기용지(그림10 참조)가 배부됩니다. 십진수는 1줄에 40개가 있는 반면, 이진수의 경우 1줄에 30개의 이진수가 있습니다. 암기용지 1장에 25줄이 있으니, 1장에 총 750개(25×30)의 이진수가 있는 것이지요.

```
1 0 1 0 1 0 1 0 0 1 0 0 0 0 0 0 1 1 0 1 0 0 1 0 0 0 0 0 0 1   Row 1
0 0 0 0 0 0 1 0 1 1 1 1 0 1 1 1 1 0 1 0 0 1 1 0 0 1 1 0 0 0   Row 2
0 0 1 0 0 1 1 1 0 1 1 1 0 0 0 1 1 0 1 0 1 1 1 0 1 0 0 1       Row 3
0 1 1 1 1 0 0 1 0 1 0 0 0 0 0 0 1 0 1 0 0 0 1 0 0 1 1 1 0     Row 4
1 1 1 0 0 0 1 1 0 1 0 0 1 0 1 1 0 0 0 0 1 0 1 1 0 0 0 0 1 1   Row 5
0 1 1 0 0 0 0 1 1 0 0 1 0 0 0 1 0 1 0 1 0 1 0 0 0 1 0 1 0 0   Row 6
0 1 1 0 0 0 0 0 1 1 0 1 1 1 0 1 0 0 1 0 0 0 1 1 0 0           Row 7
0 0 0 1 1 1 1 0 0 0 0 1 1 0 0 0 0 1 1 1 0 1 0 0 1 0 1 0 1 0   Row 8
1 1 1 0 0 0 1 0 1 1 0 1 1 1 1 0 0 1 1 0 0 0 1 1 0 1 1 1 1 1   Row 9
0 1 1 0 1 1 0 1 1 0 0 1 0 1 0 0 1 1 0 1 0 1 1 1 1 0 0 1 1 0 0 Row 10
1 1 0 1 0 0 1 0 0 0 0 1 1 1 1 0 1 1 0 0 1 0 1 0 0 0 0 0 1 1 1 Row 11
0 1 1 1 1 0 0 0 1 0 0 1 0 1 1 0 0 1 1 0 1 0 1 0 0 1 1 0 1 0   Row 12
0 1 1 0 0 0 0 1 1 0 0 0 0 0 1 1 1 0 0 0 1 1 1 1 0 0 1 1 1 0   Row 13
0 1 0 1 0 1 1 0 1 1 1 1 0 0 1 1 0 1 0 0 1 1 1 1 1 0 0 1 0     Row 14
0 1 0 0 1 0 1 0 1 0 1 0 0 1 0 1 1 1 1 1 0 0 0 1 0 1 0 1 1     Row 15
1 0 1 0 0 0 0 1 1 0 1 0 0 0 0 0 0 0 1 1 0 0 0 1 1 1 1 1 0 1   Row 16
0 0 0 0 0 1 1 0 0 1 0 1 1 1 0 0 1 0 1 1 1 1 1 0 1 0 1 0       Row 17
1 0 0 0 1 1 0 0 0 0 0 1 1 0 0 0 0 1 0 1 1 0 0 1 1 1 0 0 0 1   Row 18
1 1 1 1 1 0 1 1 0 0 1 1 1 1 0 0 1 1 1 0 0 1 1 0 0 0 0 0       Row 19
0 0 1 0 0 0 1 0 0 0 1 0 0 0 0 1 1 0 1 0 0 0 0 1 0 0 0 1 0 1   Row 20
1 0 0 0 1 1 0 0 0 0 0 0 1 0 1 1 1 1 1 0 0 1 1 0 1 1 0 0 1 0   Row 21
0 1 1 0 0 1 1 0 0 1 1 0 1 1 0 0 1 0 1 1 1 1 0 0 0 0           Row 22
0 0 1 1 1 1 1 1 0 1 1 1 0 0 1 1 1 0 0 0 1 0 0 0 1 1 1 0 1     Row 23
0 1 1 0 1 1 1 1 0 1 1 0 0 0 1 0 1 0 1 1 0 0 1 0 0 0 0 0 1 0   Row 24
0 1 0 0 1 1 1 1 1 0 0 1 0 0 1 0 1 0 1 0 0 0 0 1 0 0 0 0 1 0 0 Row 25
```

그림10. **이진수 암기용지**(출처 : 홍콩기억력스포츠협회)

암기용지에는 대회가 치러지는 시점의 세계 기록보다 20% 더 많은 이진수를 인쇄하도록 규정되어 있어, 세계신기록을 수립할 수 있도록 구성하고 있습니다.

암기용지에 인쇄된 이진수는 그림10에서 보듯이 선으로 구별된

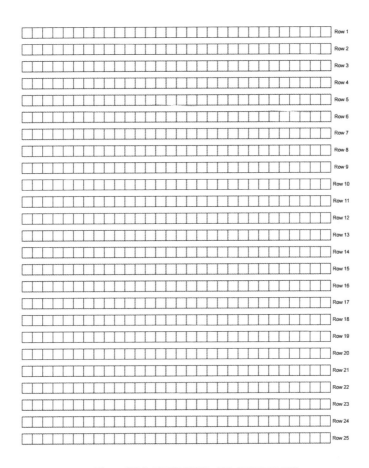

그림11. **이진수 리콜용지(출처 : 홍콩기억력스포츠협회)**

것이 아니므로, 이진수를 외울 때 투명필름을 사용할 수 있습니다.
투명필름을 사용할 경우 자신의 기억시스템에 따라 이진수를 덩어
리로 끊어서 외우기 편하도록 미리 선을 그어 놓습니다.

예컨대, 6자리씩 외우는 기억시스템인 경우에는 이진수 6개 단
위로, 10자리씩 외우는 기억시스템의 경우에는 이진수 10개 단위로

투명필름 위에 미리 선을 그어놓는 것이지요.

이렇게 한 후 암기용지 위에 투명필름을 겹쳐놓고 외우면 한층 외우기 편합니다. 물론 투명필름을 사용하지 않고 암기용지 위에 필기구로 직접 선을 그어가며 외우는 선수들도 많습니다.

리콜 시간

주어진 암기 시간이 종료되면, 대회 진행요원이 암기용지를 회수하고, 리콜용지(그림11)를 나누어 줍니다.

리콜용지는 암기용지와 같은 형식으로 되어 있습니다. 즉, 리콜용지 1장에는 25개의 줄이 있고, 1줄에 30개의 빈칸이 있는 것이지요. 심판의 신호로 리콜이 개시되면 주어진 시간 안에, 리콜용지의 빈칸에 암기용지와 똑같은 순서로 0 또는 1을 기입하면 됩니다.

점수 산정 방식

이진수 종목은 줄 단위로 개별 점수를 계산한 후, 각각의 줄에서 얻은 점수를 합산하여 최종 점수를 산정합니다.

먼저 리콜용지 1줄에 기입한 30개의 이진수를 모두 맞추면 30점이 부여됩니다. 즉, 이진수 1개에 1점인 셈이지요.

하지만 1줄 30개 중 1개만 틀리고 나머지 29개를 모두 맞추었을 경우, 29점이 되는 것은 아닙니다. 1줄에 1개만 틀려도 절반이 감점이 되어 15점이 되며, 2개를 틀리면 점수가 없습니다. 즉, 1줄에 28개 이하로 맞추면 해당 줄의 점수는 0점이 됩니다.

리콜용지 마지막 줄의 경우는 특별하게 계산합니다. 마지막 줄

30개 모두 완성이 되었다면 위와 같이 계산을 하면 되지만, 완성되지 못했다면 마지막 줄에 한해 기입한 곳까지만 점수를 계산합니다.

예컨대, 마지막 줄 30개 중에 첫 16개까지만 적고, 나머지 14개는 적지 못했다면 16개가 1줄인 것처럼 계산합니다. 즉, 16개 모두 맞추었으면 16점, 1개 틀리면 절반인 8점, 2개 이상 틀리면 0점이 됩니다.

만약 마지막 줄에 홀수로 기입을 하고 1개를 틀렸다면 소수점이 되는데, 이 경우에는 반올림을 합니다. 예컨대, 마지막 줄에 19개를 적고 18개를 맞추었다면, 19점의 절반인 9.5점이 아니라 반올림하여 10점이 되는 것입니다.

이렇게 리콜용지 모든 줄의 개별 점수를 먼저 구한 후에 이를 합산한 점수가 바로 본인의 최종 점수가 됩니다.

전략

다른 종목과 마찬가지로, 암기대상(이진수)을 얼마나 빠르게 이미지로 변환시키는지 그리고 이미지를 얼마나 단단히 기반에 결합시키는 지가 관건입니다.

이진수를 이미지로 변환시키는 방법은 3장 이진수 기억시스템 편에서 자세히 설명했으니, 본인에게 맞는 시스템을 찾아 익히기 바랍니다. 그리고 마인드 팰리스를 만들고 이미지를 기억저장소에 단단히 결합하는 방법 역시 2장에서 자세히 설명했으니 꼭 참고하여 훈련하기 바랍니다.

무작위 숫자
기억하기

주어진 시간 내에 최대한 많은 숫자를 기억하는 종목입니다. 다음은 무작위 숫자Random Numbers 종목의 암기 시간과 리콜 시간입니다.

시간 \ 기준	국가 기준	국제 기준	WMC 기준
암기 시간	15분	30분	60분
리콜 시간	30분	60분	120분

암기 시간

먼저 0부터 9까지의 숫자로 가득 찬 암기용지가 배부됩니다. 암기용지 1장에 25줄이 있고, 1줄에 40개의 숫자가 있으니, 1장에 총 1,000개(25×40)의 숫자가 있습니다. 암기용지에는 대회가 치러지는 시점의 세계 기록보다 20% 더 많은 숫자를 인쇄하도록 규정되어 있

```
5 4 3 8 5 9 4 2 7 5 5 5 5 9 9 7 0 6 2 7 0 4 7 0 4 9 4 1 0 1 0 2 1 5 3 8 7 7 2 5 1    Row 1

3 8 6 5 4 8 4 7 1 3 7 8 3 5 7 5 6 0 4 2 8 8 5 5 5 7 9 0 9 5 0 6 4 3 0 4 3 1 9 3    Row 2

3 8 8 4 6 5 7 8 8 1 9 9 3 2 3 6 2 8 7 7 8 3 4 7 8 8 1 1 9 8 6 6 5 0 6 6 0 8 3 9    Row 3

4 0 9 4 2 8 7 1 4 0 8 6 3 1 1 7 4 2 2 8 8 9 4 5 7 8 3 1 2 9 7 1 1 4 5 8 0 5 4 7    Row 4

5 1 4 5 2 2 2 7 0 9 5 6 8 4 5 9 7 2 9 0 1 1 8 4 7 8 4 1 5 8 3 3 0 4 6 1 7 5 3 5    Row 5

4 1 1 5 0 3 2 1 6 5 0 3 3 1 4 6 9 5 5 7 8 0 9 3 9 0 8 0 8 0 2 0 4 0 2 7 4 8 7 3    Row 6

1 4 7 6 5 8 5 9 2 0 2 0 3 2 4 2 6 0 3 6 5 2 9 7 5 8 6 0 9 0 4 5 5 5 9 8 3 3 5 8    Row 7

6 3 7 9 5 1 6 5 8 5 6 8 6 0 4 6 9 3 0 0 1 3 7 0 9 7 2 1 7 3 3 5 1 7 7 0 3 0 1 8    Row 8

7 6 2 9 9 4 8 1 2 2 2 9 7 8 4 4 8 7 2 8 3 7 0 6 6 4 0 1 0 8 0 4 1 3 8 7 1 8 5 5    Row 9

8 3 5 9 5 3 1 9 0 2 5 1 8 4 9 1 4 3 7 7 8 3 2 2 6 4 4 0 2 5 4 8 4 8 0 0 0 4 1 5    Row 10

4 8 5 4 5 3 5 6 8 1 5 6 5 9 8 9 7 5 6 4 5 8 6 7 6 0 3 0 8 4 0 2 4 8 5 3 6 8 1 2    Row 11

1 4 3 2 2 1 7 3 1 8 0 4 9 1 7 5 5 5 8 4 8 4 2 4 8 1 0 1 0 2 9 6 8 6 2 1 8 6 0 6    Row 12

6 1 4 5 2 0 0 6 0 7 1 2 2 9 2 0 9 0 2 2 4 3 2 6 4 1 1 1 8 2 8 7 7 9 9 8 6 2 5 9    Row 13

3 1 7 9 2 1 7 8 1 5 4 0 6 0 0 4 2 4 3 1 8 1 3 3 7 2 4 0 5 0 2 9 8 5 7 6 6 1 5 2    Row 14

8 7 3 7 3 5 3 7 5 7 8 0 5 7 4 8 8 4 8 1 2 3 5 0 2 5 3 0 7 9 0 2 7 9 3 2 6 2 1 5    Row 15

7 3 8 9 6 7 2 0 3 0 9 2 6 6 3 7 9 7 9 2 3 8 4 3 4 0 2 1 7 4 5 7 0 9 6 2 7 2 5 8    Row 16

2 2 3 7 3 7 2 1 1 1 0 6 4 2 3 9 2 4 5 0 6 8 9 1 8 0 8 0 7 1 1 3 0 1 5 3 2 7 0 6    Row 17

5 1 5 6 6 4 4 9 8 7 2 3 4 2 3 9 4 1 7 2 0 4 3 4 9 2 3 0 4 2 5 4 7 4 2 8 0 4 8 3    Row 18

2 3 3 7 3 9 0 7 2 4 8 9 4 4 6 6 0 3 8 1 3 8 3 6 1 4 1 8 9 2 3 5 6 0 0 5 6 4 2    Row 19

3 3 2 4 4 1 6 6 4 1 6 0 7 9 7 5 7 4 1 8 2 5 5 4 7 4 7 1 5 3 5 9 7 2 6 4 7 6 8 9    Row 20

4 1 1 7 9 7 5 4 9 6 5 3 6 0 6 6 8 8 8 7 9 3 6 2 5 1 6 0 6 0 4 8 9 1 6 9 0 3 6 7    Row 21
```

그림12. **무작위 숫자 암기용지(출처 : 홍콩기억력스포츠협회)**

어, 세계신기록을 수립할 수 있도록 구성하고 있습니다.

　　암기용지에 인쇄된 숫자는 그림12에서 보듯이 선으로 구별된 것
이 아니므로, 숫자를 외울 때 투명필름을 사용할 수 있습니다. 투명
필름을 사용할 경우 자신의 기억시스템에 따라 숫자를 덩어리로 끊
어서 외우기 편하도록 미리 선을 그어놓습니다.

예컨대, 2자릿수 시스템의 경우에는 숫자 4개 단위로, 3자릿수 시스템이나 2자릿수 PAO 시스템의 경우는 6개 단위로 투명필름 위에 미리 선을 그어놓는 것이지요. 이렇게 한 후 암기 시간에 암기용지 위에 투명필름을 겹쳐놓고 외우면 한층 외우기 편합니다. 물론 투명필름을 사용하지 않고 암기용지 위에 필기구로 직접 표시하며 외우는 선수들도 많습니다.

리콜 시간

주어진 암기 시간이 종료되면, 대회 진행요원이 암기용지를 회수하고, 리콜용지(그림13)를 나누어 줍니다.

리콜용지는 암기용지와 같은 형식으로 되어있습니다. 리콜용지 1장에는 25개의 줄이 있고, 1줄에 40개의 빈칸이 있는 것이지요. 심판의 신호로 리콜이 개시되면 주어진 시간 안에, 리콜용지의 빈칸에 암기용지와 똑같은 순서로 0부터 9까지의 숫자를 기입하면 됩니다.

점수 산정 방식

무작위 숫자 종목은 줄 단위로 개별 점수를 계산한 후, 각각의 줄에서 얻은 점수를 모두 합산하여 최종 점수를 산정합니다.

먼저 리콜용지 1줄에 기입한 40개의 숫자를 순서대로 모두 맞추면 40점이 부여됩니다. 즉, 숫자 1개에 1점인 셈이지요.

하지만 1줄 40개 중에 1개만 틀리고 (혹은 1개를 쓰지 못했거나) 나머지 39개를 모두 맞추었다고 하더라도, 39점이 되는 것은 아닙니다. 1줄에 1개만 틀려도 절반이 감점이 되어 20점이 되며, 2개를 틀리면 점수가 없습니다. 즉, 1줄에 38개 이하로 맞추면 해당 줄의 점수는 0점이 됩니다.

리콜용지 마지막 줄의 경우는 특별하게 계산합니다. 마지막 줄에

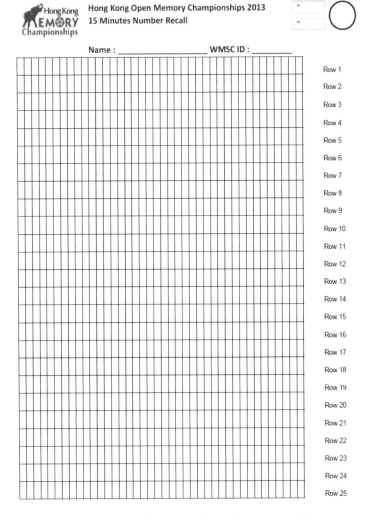

그림13. **무작위 숫자 리콜용지(출처 : 홍콩기억력스포츠협회)**

서 40개의 숫자가 모두 완성이 되었다면 위와 같이 계산을 하면 되지만, 완성되지 못했다면 마지막 줄에 한해 기입한 곳까지만 점수를 계산합니다.

예컨대, 마지막 줄 40개 중에 첫 24개까지만 적고, 나머지 16개는 적지 못했다면 24개가 1줄인 것처럼 계산합니다. 즉, 24개 모두 맞추었으면 24점, 1개 틀리면 절반인 12점, 2개 이상 틀리면 0점이 됩니다. 만약 마지막 줄에 홀수로 기입을 하고 1개를 틀렸다면 소수점이 되는데, 이 경우에는 반올림을 합니다. 예컨대 마지막 줄에 29개를 적고 28개를 맞추었다면, 29점의 절반인 14.5점이 아니라 반올림하여 15점이 되는 것입니다.

이렇게 리콜용지 모든 줄의 개별 점수를 먼저 구한 후에 이를 합산한 점수가 바로 본인의 최종 점수가 됩니다.

전략

숫자 종목은 암기대상(숫자)이 한정적이고 명확하기 때문에 평소에 기억시스템을 확실하게 익혀 대회장에서는 숫자를 빠르게 이미지로 변환시키는 것이 필요하며, 타 종목에 비해 틀렸을 경우 감점 폭이 매우 크므로 기억저장소에 단단하게 결합하는 것이 무엇보다 중요합니다.

숫자를 이미지로 변환시키는 방법은 3장에 자세히 설명했으니, 본인에게 맞는 기억시스템을 찾아 익히기 바랍니다. 그리고 기억저장소에 단단하게 결합하는 방법 역시 2장에 자세히 설명했으니 꼭 참고하여 훈련하기 바랍니다.

연습을 할 때는 결합보다는 변환에 중점을 두어 훈련해야 합니다. 변환을 할 때는 숫자를 보는 즉시 단어가 떠올라야 하고, 단어가 떠오르는 즉시 해당 단어의 형상 이미지가 떠올라야 합니다.

단어의 형상 이미지까지 나아가지 않고 단어에서 그냥 멈추는 경우가 많은데, 의식적으로 형상 이미지까지 떠올리는 연습을 해야 합니다. 최종적으로는 숫자를 보는 즉시 언어(단어)의 개입 없이 바로 이미지가 떠오를 만큼 이미지 변환에 많은 연습을 하시기 바랍니다.

추상적 이미지
기억하기

주어진 시간 내에 최대한 많은 줄의 추상적 이미지 배열을 제시된 순서대로 기억하는 종목입니다. 추상적 이미지 종목의 암기 시간과 리콜 시간은 세 가지 대회 기준이 모두 동일합니다.

시간 \ 기준	국가 기준	국제 기준	WMC 기준
암기 시간	15분	15분	15분
리콜 시간	30분	30분	30분

추상적 이미지 종목은 2016년 6월에 창립된 신생 국제기구 국제기억력연맹IAM의 10개 종목에서는 퇴출이 확정된 종목입니다. 하지만 세계기억력스포츠협회WMSC에서는 여전히 10개의 정식 종목 중 하나이므로, 국제기억력연맹의 종목 퇴출 여부와 관계없이 준비

해야 할 종목입니다.

암기 시간

먼저 각기 다른 무늬와 형태를 가진 추상적 이미지로 가득 찬 암기용지(그림14)가 배부됩니다. 암기용지에는 총 10개의 가로줄이 있고, 1줄에 5개의 추상적 이미지가 있으니, 암기용지 1장에 총 50개(5×10)의 추상적 이미지가 있는 것이지요.

암기용지에는 대회가 치러지는 시점의 세계 기록보다 20% 더 많은 추상적 이미지를 인쇄하도록 규정되어 있어, 세계신기록을 수립할 수 있도록 구성하고 있습니다.

하지만 대회에 참가 신청을 할 때 본인이 스스로의 수준을 고려하여, 그보다 적은 암기용지를 선택하여 교부받을 수 있습니다. 즉, 절반도 다 외우기 벅찬 초보자가 굳이 암기용지 전체를 다 받을 필요는 없는 것이지요.

한 줄에 5개의 추상적 이미지가 있으며, 이미지는 무작위로 배열되어 있습니다. 이미지가 배열된 순서를 줄 단위(5개)로 최대한 많이 기억하는 것이 이 종목의 목표가 됩니다. 즉, 추상적 이미지 그 자체를 외우는 것이 아니라 암기용지에 나열된 이미지의 순서를 줄 단위로 외우는 것입니다.

줄 단위로 점수가 산정되므로, 초보자의 경우 반드시 위에서부터 차례대로 외울 필요는 없고, 본인이 느끼기에 외우기 편한 줄을 골라서 외워도 됩니다. 단, 이때는 리콜할 때 어느 줄을 암기했는지 찾는 데 시간을 허비하지 않도록, 암기한 줄의 위치를 파악하고 있는

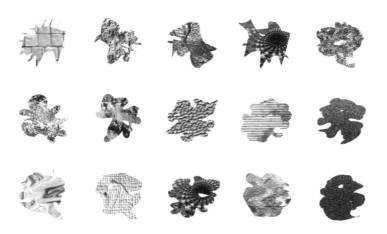

그림14. **추상적 이미지 암기용지**(출처 : 세계기억력스포츠협회)

것이 좋습니다.

그리고 이 종목에서 주의할 점은 암기 시간에 필기구를 사용할 수 없다는 점입니다. 반드시 눈으로만 외워야 합니다. 볼펜이나 연필 등 필기구로 암기용지에 표시를 하는 행위는 금지입니다. 또한 자 같은 도구를 이용하여 추상적 이미지의 길이를 측정하는 행위도 금 지입니다. 오직 눈으로만 풀어야 합니다.

리콜 시간

주어진 암기 시간이 종료되면, 대회 진행요원이 암기용지를 회수 하고, 리콜용지(그림15)를 나누어 줍니다. 리콜용지는 암기용지와 같 은 형식으로 되어있습니다. 즉, 리콜용지 1장에 10개의 줄이 있고, 1줄에 5개의 추상적 이미지가 있는 것이지요. 또한 10개의 가로줄 의 위치도 동일합니다.

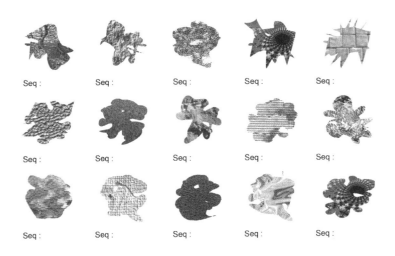

Seq :　　Seq :　　Seq :　　Seq :　　Seq :

Seq :　　Seq :　　Seq :　　Seq :　　Seq :

Seq :　　Seq :　　Seq :　　Seq :　　Seq :

그림15. **추상적 이미지 리콜용지**(출처 : 세계기억력스포츠협회)

하지만 가로줄 내의 순서는 모두 바뀌어 있습니다. 즉, 각각의 가로줄에 있는 5개의 추상적 이미지의 순서가 섞여서 리콜용지에 인쇄됩니다. 그리고 각각의 추상적 이미지 아래에는 번호를 쓸 수 있는 빈칸이 있습니다.

심판의 신호로 리콜이 개시되면 리콜용지의 빈칸에 암기용지에 배열된 추상적 이미지와 똑같은 순서로 숫자 1부터 5까지를 기입하면 됩니다.

즉, 암기용지 한 줄에 배열된 추상적 이미지 5개를 왼쪽부터 오른쪽으로 차례대로 숫자 1부터 5까지라고 놓고, 리콜용지의 빈칸에 암기용지의 순서에 맞게 1부터 5까지의 숫자를 기입하면 됩니다.

점수 산정 방식

추상적 이미지 종목은 줄 단위로 개별 점수를 산정한 후, 각각의 줄에서 얻은 점수를 모두 합산하여 최종 점수를 산정합니다.

먼저 리콜용지 1줄에 기입한 추상적 이미지 5개의 순서를 모두 맞출 경우 5점이 주어집니다. 그런데 한 줄의 순서를 맞추려고 시도를 했는데 틀렸을 경우에는 1점이 감점됩니다.

예컨대, 1부터 5까지 숫자를 모두 기입했는데 순서가 틀렸거나, 또는 5개의 숫자 중 1개 이상을 기입하지 않았다면 틀린 것으로 간주하여 1점이 감점됩니다. 즉, 한 줄의 순서를 모두 맞추면 5점(+5), 하나라도 순서가 틀리다면 1점 감점(-1)이 되는 것이지요.

감점 규정은 순서를 맞추려는 시도를 한 경우에 해당합니다. 리콜용지의 한 줄에 아무 숫자도 기입하지 않고 한 줄을 모두 비워두었다면, 해당 줄의 순서를 맞추려는 시도 자체를 하지 않은 것이므로 감점이 없습니다.

이는 한 줄에 추상적 이미지가 5개 밖에 되지 않으므로, 실력이 아닌 운으로 맞추려는 편법을 차단하기 위한 것입니다. 만약 감점이 없다면 아마 모든 선수가 리콜용지의 모든 줄에 숫자를 기입할 것이기 때문입니다. 그러므로 확실하지 않을 때는 해당 줄은 모두 비워두거나, 순서를 맞추려고 시도했을 경우 얻을 수 있는 점수의 기댓값을 고려하여 결정해야 합니다.

이렇게 점수를 계산하면 각각의 줄은 5점(맞추었을 경우), 0점(모두 비워두었을 경우), -1점(틀렸을 경우) 중 하나가 됩니다.

이렇게 리콜용지 모든 줄의 개별 점수를 먼저 구한 후에 이를 합산한 점수가 바로 본인의 최종 점수가 됩니다. 만약 감점으로 인해 합산한 점수가 마이너스가 된다면 이 종목의 최종 점수는 0점으로 간주합니다.

전략

자유 연상 전략 : 자유 연상 전략은 암기용지에 제시된 추상적 이미지의 형태, 무늬, 색깔, 질감 등 모든 것을 활용하여, 각각의 추상적 이미지를 머릿속으로 구체적 이미지로 바꾸어서 기반에 저장하는 방법입니다.

먼저 한 줄의 5개 이미지 중에서 맨 오른쪽 이미지를 제외한 나머지 4개의 추상적 이미지를 형태, 무늬, 색깔, 질감 등 눈에 띄는 특징을 자유 연상하여 본인에게 익숙한 구체적인 이미지로 변환합니다. 그리고 변환된 이미지를 기억저장소 1개에 2개씩 차례로 저장(결합)합니다. 그러면 1줄을 외우는 데 저장소 2개가 필요하고, (저장소 10개가 있는 기반의 경우) 1개의 기반에 5줄의 추상적 이미지 순서가 저장이 되는 것입니다. 여기서 맨 오른쪽 이미지를 제외하는 이유는 어차피 5개의 순서만 기억하면 되므로 1번부터 4번까지의 순서만 기억하면, 나머지 하나는 자동으로 5번이 되기 때문입니다.

이미지 패턴화 전략 : 자유 연상 전략은 추상적 이미지를 관찰하고 자유롭게 상상하여 구체적 이미지로 바꾸는 데서 출발합니다. 바로 이 부분 때문에 추상적 이미지는 기억력스포츠 10개 종목 중 가장 창의력을 자극하는 종목이라는 평가를 받아왔습니다.

그런데 추상적 이미지를 구체적 이미지로 변환하는 과정이 쉽지 않습니다. 어떤 이미지는 익숙한 형태를 하고 있어서 보는 즉시 바꿀 수 있지만, 어떤 이미지는 모양이 애매하여 구체적 이미지로 변환하는 데 시간이 걸리기도 합니다.

속도를 중시하는 기억력스포츠인들이 이를 보고만 있지 않았겠지요? 그래서 추상적 이미지의 형태는 보지 않고, 그 무늬만 활용하여, 추상적 이미지를 패턴화하여 기억하는 전략이 고안되었습니다.

이미지 패턴화 전략은 추상적 이미지가 무수히 많은 형태를 가지고 있어 형태는 분류할 수 없지만, 그 무늬는 분류가 가능하다는 점에서 착안된 방법입니다.

즉, 현재까지 제시된 추상적 이미지의 무늬를 비슷한 것끼리 묶어서 분류하면 약 150여 종이 되는데, 이를 모두 사전에 구체적 이미지로 바꾸어(패턴화) 암기한 다음 경기를 치르는 것입니다. 쉽게 설명하자면 자유 연상 전략에서 추상적 이미지를 구체적 이미지로 변환하는 과정을 생략하고 바로 마인드 팰리스에 저장하는 셈이지요.

바로 그래서 초기에는 관찰력과 상상력을 발휘할 수 있는 종목이라고 찬사를 받았지만, 이미지 패턴화 전략이 나온 이후에는 많은 비판을 받았고, 결국 신생 단체인 국제기억력연맹에서 퇴출된 이유 중 하나가 되었습니다. 즉, 창의력을 기억력과 결합하여 측정하고자 했던 추상적 이미지의 목표가 이 전략이 탄생함으로서 무너져버린 것입니다.

스피드 숫자
기억하기

주어진 시간 내에 최대한 많이 무작위로 배열된 숫자를 기억하는 종목입니다. 스피드 숫자 종목의 암기 시간과 리콜 시간은 세 가지 대회 기준이 모두 동일합니다.

시간 \ 기준	국가 기준	국제 기준	WMC 기준
암기 시간	5분	5분	5분
리콜 시간	15분	15분	15분

스피드 숫자 종목은 무작위 숫자 종목에 비해 암기 시간(5분)과 리콜 시간(15분)이 짧고, 총 두 번의 기회가 주어진다는 점을 제외하면, 무작위 숫자 종목과 동일한 방식으로 경기가 진행되고 점수가 산정됩니다. 그러므로 종목 규칙은 무작위 숫자 편을 참고하고, 여기

서는 바로 경기 전략으로 넘어가도록 하겠습니다.

전략

숫자 종목은 암기대상(숫자)이 분명하여 무엇을 암기할 것인지 미리 알고 있으므로, 본인에게 맞는 기억시스템을 찾아 체득하는 것이 중요합니다. 특히 스피드 숫자 종목은 암기 시간이 매우 짧아 이미지를 기억저장소에 결합하는 데만도 시간이 부족하므로 이미지 변환에 시간을 쓸 여유가 없습니다. 게다가 다른 종목에 비해 틀렸을 때 감점 폭이 매우 크므로 기억저장소를 평소에 강화하고, 기반에

```
2 6 5 3 3 7 9 5 0 6 8 6 1 9 5 6 7 9 2 6 7 1 5 0 8 5 2 1 3 7 4 8 5 4 7 1 6 4 1 0    Row 1
5 2 0 8 4 5 5 0 0 1 9 6 0 9 0 6 3 7 3 9 0 7 3 3 2 4 0 0 0 8 0 3 9 6 9 9 8 7 0    Row 2
6 5 7 4 0 3 9 7 8 4 6 1 4 5 1 1 8 0 2 8 2 3 0 5 9 5 8 0 9 4 9 5 2 7 8 9 4 0 9 1    Row 3
6 7 2 5 8 1 4 2 3 1 5 9 9 0 6 9 3 5 1 1 8 5 7 2 4 9 8 0 5 8 5 8 1 8 1 1 3 5 4 6    Row 4
6 0 3 8 1 6 8 9 4 9 2 4 1 5 0 5 0 6 7 6 0 9 0 9 3 7 0 0 7 1 5 6 1 4 2 5 6 7 5 8    Row 5
8 0 7 2 3 0 1 7 1 4 7 8 4 0 8 4 1 0 2 0 4 5 1 9 6 6 4 1 3 7 0 2 5 5 4 1 5 8 0 0    Row 6
2 8 6 9 7 7 8 4 0 0 3 6 8 7 6 4 6 0 6 4 2 8 0 6 4 4 5 0 9 6 9 0 0 6 5 6 0 7 6 9    Row 7
7 2 5 0 3 2 6 5 3 0 4 0 9 1 7 6 9 2 3 4 2 9 5 4 2 7 0 1 6 3 2 8 0 9 1 2 4 7 0 4    Row 8
9 1 8 4 6 0 9 9 3 5 8 1 3 1 7 2 9 4 9 0 0 4 5 1 4 3 3 1 1 9 7 3 1 6 4 8 3 0 7 2    Row 9
4 2 0 6 9 4 0 3 8 2 3 7 1 7 6 8 2 8 3 0 9 3 1 3 0 5 3 0 7 7 9 9 7 5 2 9 6 1 6 3    Row 10
3 5 2 8 3 2 8 1 5 7 3 9 2 0 9 1 8 1 3 4 0 9 9 9 2 0 8 0 8 0 8 8 9 2 5 6 5 3 1 4    Row 11
0 8 8 9 4 5 5 7 6 7 3 4 5 9 6 4 2 5 6 6 2 9 4 5 3 7 4 0 2 7 6 2 1 1 9 4 4 7 7 1    Row 12
9 0 0 5 2 6 8 2 9 0 1 9 0 9 2 4 6 4 8 7 1 1 6 8 0 4 2 1 4 0 3 5 9 3 3 7 3 1 6 3    Row 13
2 3 3 6 9 1 1 9 3 6 9 1 0 6 3 9 1 7 6 3 7 3 5 7 4 4 9 0 5 8 0 4 6 9 9 1 8 7 5 7    Row 14
1 0 5 2 7 9 0 5 2 2 6 5 8 6 1 4 6 9 4 7 8 1 8 2 5 4 2 1 5 9 7 8 6 4 8 7 6 1 9 0    Row 15
```

그림16. 스피드숫자 암기용지(출처 : 홍콩기억력스포츠협회)

빠르고 단단하게 결합하는 연습을 할 필요가 있습니다.

숫자 기억시스템에 대해서는 3장에 자세히 설명했으니, 본인에게 맞는 기억시스템을 찾아 익히도록 합니다. 그리고 기억저장소를 강화하고 단단하게 결합하는 방법은 2장에 자세히 설명했으니 꼭 참고하여 훈련하기 바랍니다.

무작위 숫자 종목과 마찬가지로 연습할 때는 결합보다는 변환에 중점을 두어 훈련해야 합니다. 변환을 할 때는 숫자를 보는 즉시 단어가 떠올라야 하고, 단어가 떠오르는 즉시 해당 단어의 형상 이미

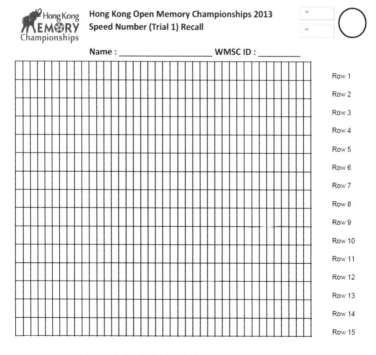

그림17. **스피드숫자 리콜용지**(출처: 홍콩기억력스포츠협회)

지가 떠올라야 합니다. 그래서 최종적으로는 숫자를 보는 즉시 언어 (단어)의 개입 없이 바로 이미지가 떠오를 만큼 이미지 변환에 많은 연습을 하시기 바랍니다.

무작위 숫자 종목과 달리 스피드 숫자 종목은 총 두 번의 기회가 주어집니다. 두 번의 시도 중에서 더 높은 점수가 이 종목의 최종 점수가 됩니다. 여기서 두 기록의 평균 점수가 아니라 더 높은 점수를 취한다는 점을 잘 활용해야 합니다.

경기를 시작하기 전에 참가 선수 대부분은 자신이 목표하는 점수가 있습니다. 보통 연습할 때 기록했던 점수의 평균 이상을 기대할 것입니다.

일반적으로 초보자의 경우, 첫 번째 시도trial에서는 연습할 때의 평균 점수를 목표로 삼고 안정적으로 경기를 운영하는 것이 좋습니다. 만약 목표 점수를 달성했다면, 두 번째 시도에서는 연습할 때의 최고점을 목표로 삼고 공격적으로 경기에 임하면 됩니다.

만약 첫 번째 시도에서 목표 점수를 달성하지 못했다면, 두 번째 시도에서 무리하지 말고 더 신중하게 경기에 임해야 합니다.

첫 번째 기회가 끝난 다음에 휴식 시간이 주어집니다. 이 시간에 첫 번째 시도 결과(득점순위)가 발표되므로 반드시 점수를 확인한 후 두 번째 시도에서 어떤 전략으로 임할 것인지 결정하기 바랍니다.

역사/연도
기억하기

가상의 사건이 일어난 4자리 연도를 최대한 많이 기억하는 종목입니다. 역사/연도 종목의 암기 시간과 리콜 시간은 세 가지 대회 기준이 모두 동일합니다.

시간＼기준	국가기준	국제기준	WMC 기준
암기 시간	5분	5분	5분
리콜 시간	15분	15분	15분

암기 시간

먼저 역사/연도 종목 시작에 앞서 가상의 사건event과 그 사건이 발생하는 연도(4자리)가 인쇄되어 있는 암기용지(그림18)가 배부됩니다. 암기용지에는 총 40개의 줄이 있으며, 한 줄에 사건과 연도가 한

세트로 제시됩니다.

4자릿수로 된 연도는 사건의 왼쪽에 위치하고, 연도의 오른쪽에 사건 설명이 위치합니다. 암기용지 1장에 총 40개의 문제가 제시되며, 총 문제의 수는 대회가 치러지는 시점의 세계 기록보다 20% 더 많이 인쇄하도록 규정되어 있어, 세계신기록을 수립할 수 있도록 구성하고 있습니다.

제시되는 사건은 실제 역사상의 사건이 아니라 가상의 사건이므

Number	Date	Event
1	1210	개미가 자신의 무게를 재다
2	1960	성이 수건으로 지어지다
3	1375	호박이 립스틱에 사용되다
4	1840	열대우림에 눈이 오다
5	1683	장어가 발전소에서 일하다
6	1286	콘서트가 읍사무소에서 열리다
7	1914	안전벨트에 알람 기능이 있다
8	2032	주입기에 두유가 들어있다
9	1344	비디오 게이머들이 게임 집회를 주최하다
10	1373	다람쥐 꼬리로 만들어진 포커 카드들
11	1223	요리사가 주방에서 야구를 하다
12	1585	테니스가 대중적인 운동이 되다
13	1932	과학자들이 캠퍼스를 폭발시키다
14	1869	문에 덧문이 설치되다
15	1101	4D 프린터가 제작되다
16	2098	거지가 투명한 냄비를 발명하다
17	1672	영화관에서 보디 체크를 하다
18	1170	코코넛 나무가 빈랑열매를 맺다
19	1303	군대가 랩 댄스를 공연하다
20	1120	호텔 매니저가 책을 쓰다

그림18. **역사/연도 암기용지(출처 : 대만기억력스포츠협회)**

로 아무리 역사에 대한 지식이 많더라도 경기를 하는 데 아무런 도움이 되지 않으며, 참가 선수들의 국적이나 문화권에 따른 유불리를 방지하기 위해 보편적이고 일반적인 사건들로 꾸며져 제시됩니다. 사건 설명은 짧은 단문으로 구성되며, 한국어 기준으로 보통 3~4개 단어 내외로 이루어져 있습니다.

사건이 발생하는 연도는 1000년부터 2099년까지 중 무작위로 추출되어 각 사건에 배정이 됩니다. 즉, 사건이 일어나는 연도는 과거가 될 수도 있고, 미래가 될 수도 있습니다.

암기용지의 사건 배치는 일정한 기준이 없습니다. 즉, 연도순이나 가나다순으로 배치하는 것이 아니라 무작위로 배치됩니다. 그리고 제시된 사건이나 연도는 중복되지 않습니다.

참고로 외국에서 개최되는 대회에 참가할 경우 한국어로 번역된 암기용지를 제공하니 필요할 경우 대회 참가 신청을 할 때 미리 요청하시면 됩니다.

리콜 시간

주어진 암기 시간이 종료되면, 대회 진행요원이 암기용지를 회수하고, 리콜용지(그림19)를 나누어 줍니다. 리콜용지에는 연도가 빈칸으로 대체되어 있다는 점만 제외하면, 암기용지와 같은 형식으로 되어있습니다.

단, 암기용지에 제시된 연도를 순서대로 외워 적는 편법을 방지하기 위해, 리콜용지의 사건은 암기용지와 다르게 사건 순서가 무작위로 재배치되어 있습니다. 사건 전체가 무작위로 재배치되므로 페

1st Taiwan Memory Championships
Historic and Future Dates Recall – Korean

Name : _____ WMSC ID : _____

(158 dates presented)

Number	Date	Event
1		트레드밀이 물을 뿌릴 수 있다
2		낙타들이 청바지를 입다
3		죄수가 감방 동료에게 독살당하다
4		변호사가 굴삭기를 운전하다
5		복권 당첨금이 100억을 넘다
6		성냥들이 물에 잠기다
7		누나가 와인으로 세수를 하다
8		요리사가 주방에서 야구를 하다
9		형이 사원에 진을 치다
10		다람쥐가 땅콩을 먹다
11		물고기들은 근시다
12		순록이 산타 클로스를 불시착시키다
13		악어가죽으로 만든 첫 번째 정장
14		경찰관이 집에서 출도하다
15		천사가 스타벅스에서 케이크를 만든다

그림19. **역사/연도 리콜용지(출처 : 대만기억력스포츠협회)**

이지가 바뀌어 나오기도 합니다. 즉, 암기용지에는 첫째 쪽에 있었던 사건이, 리콜용지에는 마지막 쪽에 나올 수도 있습니다.

심판의 신호로 리콜이 개시되면 주어진 시간 내, 리콜용지에 재배치된 사건 왼쪽의 빈칸에 연도(4자리)를 정확히 기재하면 됩니다.

점수 산정 방식

리콜용지에 재배치된 사건에 맞는 연도(4자리)를 정확히 기재했을 경우 1문제당 1점이 주어집니다. 그런데 문제를 맞히려고 시도를 했는데 틀렸을 경우에는 0.5점이 감점됩니다.

감점 규정은 사건에 맞는 연도를 적었을 경우만 해당됩니다. 즉, 문제의 빈칸에 아무것도 적지 않고 비워두었다면, 해당 문제를 맞히려는 시도 자체를 하지 않은 것이므로 감점이 없습니다.

이는 연도가 1000부터 2099까지의 4자릿수로 이루어져 있으므로, 실력이 아닌 운으로 맞추려는 편법을 차단하기 위한 것입니다. 만약 감점이 없다면 아마 모든 선수가 리콜용지의 모든 빈칸에 연도를 기입할 것이기 때문입니다. 그러므로 확실하지 않을 때는, 득점에 비해 감점이 크므로 해당 문제는 비워두는 것이 좋습니다.

이렇게 리콜용지를 점수를 계산하면 각 문제의 개별점수는 1점 (맞추었을 경우), 0점(비워두었을 경우), –0.5점(틀렸을 경우) 중 하나가 됩니다. 이렇게 리콜용지 모든 문제의 개별 점수를 먼저 구한 후에 이를 합산한 점수가 바로 본인의 최종 점수가 됩니다. 만약 최종 점수가 소수점이라면 반올림을 합니다. 예컨대, 최종 점수가 35.5점이면 36점이 되는 것이지요. 또한 감점으로 인해 합산한 점수가 마이너스가 된다면 이 종목의 최종 점수는 0점으로 간주합니다.

전략

2자릿수 시스템 활용 : 역사/연도 종목도 결국은 숫자를 외우는 것이므로 숫자 기억시스템을 활용할 수 있습니다. 먼저 2자릿수 시스템을 활용하는 방법은 다음과 같습니다.

1단계 : 연도는 1000부터 2099까지의 4자릿수로 이루어져 있습니다. 먼저 일천 년대 연도, 즉 1□□□의 경우 맨 앞의 1은 고정되어 있으므로 제외하고, 두 번째 숫자와 세 번째 숫자를 2자릿수로 가정하고 2자릿수 시스템을 이용하여 이미지 변환합니다. 그리고 세 번째 숫자와 네 번째 숫자를 2자릿수로 가정하고 2자릿수 시스템을 이용하여 이미지 변환합니다.

2단계 : 사건 설명의 첫 단어는 명사입니다. 암기용지의 사건은 중복되지 않으므로 첫 단어인 명사를 기억저장소로 설정합니다.

3단계 : 1단계에서 변환한 2개의 이미지를 기억저장소에 결합합니다.

역사/연도 종목에서는 기반을 따로 사용하지 않습니다. 왜냐하면 사건이 곧 기억저장소가 되기 때문입니다. 즉, 리콜용지에 사건은 그대로 기술되어 있으므로, 굳이 연도와 사건을 별도의 기반에 저장할 필요 없이, 사건 그 자체를 기억저장소로 활용하는 것이 효율적입니다.

그리고 맨 앞의 1을 포함한 4자릿수(연도)를 2개씩 나누어 외우지 않고 맨 앞의 1을 제외하는 이유는, 나머지 3자릿수로 2개의 이미지를 만드는 경우 혹시 둘 중 하나를 리콜하지 못한다고 하더라도, 이미지로 변환하는 숫자(3번째 숫자)가 중복되므로, 기억나지 않는 숫자를 대입하여 리콜할 수 있기 때문입니다

이해를 돕기 위해 예시를 들어보겠습니다.

1527   낙타들이 청바지를 입다

그림20. 역사연도 예시

1단계 : 맨 앞의 1은 제외하고, 두 번째 숫자와 세 번째 숫자를 2자릿수로 가정하면 52이고, 2자릿수 시스템을 이용하면 오이로 변환

됩니다. 그리고 세 번째 숫자와 네 번째 숫자를 2자릿수로 가정하면 27이고, 2자릿수 시스템을 통해 이칠(양치질)로 변환됩니다.

2단계 : 사건 설명의 첫 단어는 낙타입니다. 낙타를 기억저장소로 설정합니다.

3단계 : 사막을 횡단하는 낙타가 배가 고파 먹이를 찾던 중, 사막 한가운데 크게 심어져 있는 나무만 한 오이(52)를 발견하고, 맛있게 먹습니다. 그런데 커다란 오이씨가 이빨에 많이 끼어, 양치질(27)을 하여 입을 깨끗이 헹구어 냅니다.

이때 오이(52)나 양치질(27) 중 하나가 생각나지 않더라도 숫자 2가 중복이 되어 있으므로, 경우의 수는 10개로 압축이 됩니다. 예컨대, 양치질(이칠)이 생각나지 않더라도, 20부터 29까지 숫자 중 하나이므로 10개의 이미지를 하나씩 빠르게 대입해보면 기억이 나게 됩니다.

참고로 이천 년대의 연도, 즉 20□□의 경우는 앞에서 언급을 하지 않았는데, 20□□의 경우는 더 간단합니다. 즉, 고정된 앞 2자릿수(20)를 제외한 뒤 2자릿수만 이미지 변환하여 기억저장소(사건)에 결합하면 되는 것이지요.

결합을 할 때에는 그냥 단순 결합하여 문제를 풀어도 되지만, (즉, 리콜할 때 이미지가 1개만 생각이 나는 것은 20□□의 뒤 2자릿수) 변환된 이미지가 1개뿐이라는 것을 강조하기 위해 특별한 장치를 덧붙여 결합하는 것을 권합니다. 예컨대, 특별한 장치를 '좀비'라고 가정할 경우 다음 그림21과 같이 적용이 됩니다.

2042 　의사가 택시 안에서 옷을 갈아입다

그림21. 역사연도 예시

1단계 : 앞의 20은 제외하고, 뒤의 2자릿수 42를 2자릿수 시스템을 이용하면 변환하면 가수 싸이(42)로 변환됩니다.

2단계 : 사건 설명의 첫 단어는 의사입니다. 의사를 기억저장소로 설정합니다.

3단계 : 의사가 진료를 하고 있는데 좀비가 된 가수 싸이(42)가 흐느적흐느적 진료실로 들어와 몸이 아프다고 치료를 요구합니다.

즉, 위와 같이 모든 2자릿수에 특별한 장치를 덧붙여 기억저장소에 결합을 한 후, 리콜을 할 때 이미지에 덧붙인 장치가 생각이 난다면, 그 이미지는 20□□의 뒤 2자릿수가 되는 것이지요.

숫자 PAO 시스템 활용 : 숫자 PAO 시스템을 사용한다면, 위 2자릿수 시스템에 PAO 시스템을 가미할 수 있습니다. 여기서는 2자릿수 PA 시스템을 활용하는 방법에 대해 알아보겠습니다.

1단계 : 2자릿수 시스템과 비슷하지만 이미지를 사람(P)–행동(A)으로 변환한다는 차이점이 있습니다. 일천 년대 연도 즉, 1□□□에서 맨 앞의 1을 제외하고, 두 번째 숫자와 세 번째 숫자를 2자릿수로 가정하고, 2자릿수 PA 시스템을 이용하여 사람(P) 이미지를 추출합니다. 그리고 세 번째 숫자와 네 번째 숫자를 2자릿수로 가정하고,

2자릿수 PA 시스템을 이용하여 행동(A) 이미지를 추출합니다. 두 이미지를 묶어서 '사람이 ~하는' 1개의 복합 이미지를 만듭니다.

2단계 : 사건 설명의 첫 단어(명사)를 기억저장소로 설정합니다.

3단계 : 1단계에서 변환한 1개의 복합이미지를 기억저장소에 결합합니다.

PAO 시스템은 여러 가지로 변형하여 적용이 가능합니다. 예컨대, 연도(4자리)에서 주어(P)와 목적어(O)를 추출하고, 사건 설명의 마지막 단어인 서술어를 동사(A)로 하여, 1개의 문제(연도+사건)를 1개의 POA(주목동) 복합이미지로 만들어 외우는 방법도 생각해볼 수 있습니다.

참고로 이천 년대의 연도, 즉 20□□의 경우는 변환할 이미지가 하나뿐이라 2자릿수 시스템을 통해 처리하는 것이 더 간편하므로 앞에 제시된 설명을 참고하기 바랍니다.

3자릿수 시스템 활용 : 앞서 3장에서 3자릿수 시스템은 만들고 익히기는 어려워도 더 빠르고 많이 외울 수 있는 장점이 있다고 했습니다. 또 하나의 장점은 역사/연도 종목에 쉽게 적용이 가능하다는데 있습니다. 3자릿수 시스템을 활용하는 방법은 다음과 같습니다.

1단계 : 연도는 1000부터 2099까지의 4자릿수로 이루어져 있습니다. 먼저 일천 년대 연도, 즉 1□□□의 경우 맨 앞의 1은 고정되어 있으므로 제외하고, 나머지 3자릿수를 3자릿수 시스템을 이용하여 이미지로 변환합니다.

2단계 : 사건 설명의 첫 단어(명사)를 기억저장소로 설정합니다.

3단계 : 1단계에서 변환한 1개의 이미지를 기억저장소에 결합합니다.

3자릿수 시스템을 사용하고 만약 기억저장소에 결합된 이미지를 리콜하지 못할 경우, 경우의 수가 1,000개나 되므로, 2자릿수 시스템을 사용할 때처럼 대입하여 리콜하는 것이 불가능한 단점이 있습니다. 하지만 변환되는 이미지가 1개뿐이라 그만큼 결합도 빨라지므로 속도 향상의 장점이 위 단점을 덮고도 남음이 있습니다.

참고로 이천 년대의 연도, 즉, 20□□의 경우는 2자릿수 시스템을 통해 처리하는 것과 동일하므로 앞에 제시된 설명을 참고하기 바랍니다.

플레잉 카드
기억하기

주어진 시간 내에 최대한 많은 카드 팩을 기억하는 종목입니다. 플레잉 카드는 다른 말로 롱 카드Long Cards, 무작위 카드Random Cards라고 부르기도 하는데, 선수들 사이에서는 롱 카드라는 말을 더 자주 사용합니다. 플레잉 카드 종목의 암기 시간과 리콜 시간은 다음과 같습니다.

기준 시간	국가 기준	국제 기준	WMC 기준
암기 시간	10분	30분	60분
리콜 시간	30분	60분	120분

암기 시간

대회장에서 사용되는 카드는 주최 측에서 준비하는 것이 아니라,

참가자 본인이 직접 준비해서 가지고 가야 합니다. 그러므로 자신이 목표하는 만큼만 가지고 가면 됩니다. 카드 10팩을 외우는 것이 목표라면 10팩을 가져가고, 카드 2팩을 외우는 것이 목표라면 2팩만 가져가면 됩니다.

보통 대회 첫째 날 개회식 전에 참가자 등록을 하는데 이때 가져온 카드를 주최 측에 제출해야 합니다. 그러면 주최 측은 카드를 수검하고 섞은 후에 다시 밀봉합니다.

롱 카드 종목을 시작하기 전에 대회 진행요원들이 제출했던 카드를 미리 나누어줍니다. 그리고 그들은 참가자 사이를 계속 돌아다니면서 암기 시간이 시작하기 직전까지 즉석에서 다시 카드를 섞습니다.

심판의 신호로 암기 시간이 시작되면 테이블 위에 놓여 있는 카드 팩을 카드 팩 겉면 라벨에 적혀 있는 번호 순서대로 한 팩씩 차례로 암기하되, 카드 팩을 외우는 도중에 암기 시간이 종료될 것 같아도 외운 만큼 부분 점수가 부여되므로 마지막까지 최선을 다해 외워야 합니다.

암기 시간이 끝나면 채점을 위해 대회 진행요원이 카드를 다시 회수해갑니다. 나중에 카드를 찾아가라고 안내방송을 하는데 이때 잊지 말고 꼭 찾아가기 바랍니다.

리콜 시간

다른 종목의 경우 암기 시간이 끝난 후 암기용지를 회수하고 리콜용지를 배부하는 시간이 약 5분 내외로 걸린다면, 롱 카드 종목의 경우에는 암기용지가 아니라 카드를 회수하므로 카드를 회수하고 리콜용지를 배부하는 시간이 다른 종목보다 더 소요됩니다.

그러므로 암기 시간과 리콜 시간 사이의 준비시간(다른 종목도 암기 시간과 리콜 시간 사이의 준비시간에 가만히 있지 말고 머릿속으로 리콜을 하면서 결합을 다져야 합니다.)이 비교적 길기 때문에 이 시간에 머릿속으로 리콜을 하면서 결합을 한 번 더 다질 필요가 있습니다.

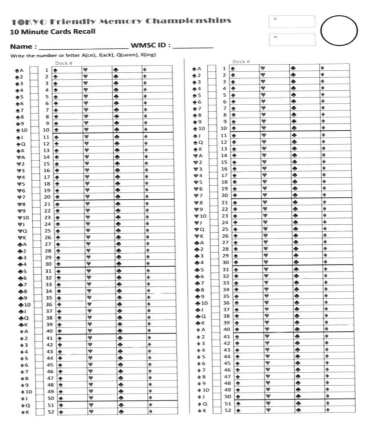

그림22. 플레잉 카드 리콜용지 (출처 : 일본기억력스포츠협회)

준비시간에 선수들이 눈을 감고 머릿속으로 리콜을 하는 동안 대회 진행요원들이 카드를 회수하고 리콜용지(그림22)를 나누어 줍니다. 심판의 신호로 리콜 시간이 시작되는데, 그때까지 머릿속으로 리콜이 끝나지 않았더라도, 심판의 신호와 상관없이 끝까지 리콜을 한 후에, 리콜용지를 작성하기 바랍니다.

기억력스포츠의 모든 종목은 충분한 리콜 시간이 주어지므로 암기 시간이 종료하자마자 머릿속으로 리콜을 한번 해본 후 리콜용지 작성에 들어가는 것이 좋습니다.

리콜할 준비가 되었다면, 카드 팩 겉면 라벨에 적혀 있는 번호 순서대로 한 팩씩 차례로 암기한 카드 순서를 리콜용지에 기재하면 됩니다. 리콜용지 상단에 카드 팩의 번호를 적는 빈칸이 있는데, 반드시 빈칸에 번호를 기입한 후에 해당 번호에 맞는 카드 팩의 카드 순서를 기재하도록 합니다.

그리고 리콜용지 좌측에는 기재한 카드를 체크할 수 있는 체크박스가 있는데, 이를 잘 활용하면 카드 리콜에 도움을 받을 수 있습니다.

예컨대, 기억저장소에 결합한 이미지가 느슨하여 리콜이 잘 안될 때, 체크가 안 된 카드를 하나씩하나씩 대입하다보면 생각이 나는 경우가 많습니다. 또한 체크박스를 이용하여 같은 카드를 두 번 이상 적지 않도록 유의하기 바랍니다.

점수 산정 방식

롱 카드 종목은 카드 팩 단위로 개별 점수를 계산한 후, 각각의 카드 팩에서 얻은 점수를 모두 합산하여 최종 점수를 산정합니다.

먼저 카드 한 팩(52장)의 순서를 모두 정확히 기재했을 경우 52점이 주어집니다. 즉, 카드 1장당 1점인 셈입니다. 그러나 카드 52장중 1장만 틀리고(혹은 1장을 적지 못했거나) 나머지 51장의 카드를 모두 맞추었다고 하더라도 51점이 되는 것은 아닙니다. 카드 한 팩에서 1장만 틀려도, 1점이 아니라 절반이 감점이 되어 26점이 되며, 만약 2장 이상 틀리면 점수가 없습니다. 즉, 카드 한 팩의 순서를 50장 이하로 맞추면 해당 카드 팩에서 얻는 점수는 0점이 됩니다. 그러고 보니 점수 산정 방식이 숫자 종목과 비슷하지요?

그런데 리콜용지에는 리콜을 원활하게 돕고 카드를 중복해서 적는 것을 방지하기 위한 체크박스가 있기 때문에, 1장만 틀리는 경우는 드뭅니다. 보통 카드 순서를 바꾸어 기입해서 틀리는 경우가 많은데, 만약 카드 2장의 순서가 서로 뒤바뀌었다면 결국 2장이 틀린 것이 되므로 점수는 0점이 됩니다. 즉, 단 한 번만 카드 순서를 뒤바꾸어 리콜해도 점수는 0점 처리가 되는 것입니다.

마지막 카드 팩의 경우에는 특별하게 계산합니다. 마지막 팩에서 52장의 카드가 모두 완성이 되었다면 위와 같이 계산하면 되지만, 완성되지 못했다면 마지막 팩에 한해 기입한 곳까지만 점수를 계산합니다. 예컨대, 마지막 팩 52장중에 첫 32장까지만 적고, 나머지 20장은 적지 못했다면, 기재한 32장이 카드 한 팩인 것처럼 계산합니다. 즉, 32장의 카드 순서를 모두 맞추었으면 32점, 1장만 틀려도 절반이 감점되어 16점, 2장 이상 틀리면 0점이 됩니다.

만약 마지막 팩에서 홀수개의 카드를 기입하고 1개만 틀렸다면 소수점이 되는데, 이 경우에는 반올림을 합니다. 예컨대 마지막 팩에 31개를 적고 30개를 맞추었다면, 31점의 절반인 15.5점이 아니라 반올림하여 16점이 되는 것입니다.

이렇게 리콜용지에 기입한 모든 카드 팩의 개별 점수를 먼저 구한 후에 이를 합산한 점수가 바로 본인의 최종 점수가 됩니다.

전략

카드 종목은 암기대상(카드)이 명확하게 정해져 있으므로 평소에 기억시스템을 확실하게 익혀 대회장에서는 카드를 보는 즉시 이미지로 변환시킬 수 있도록 해야 합니다. 또한 단 한 번만 실수해도 득점에 치명적인 결과를 초래하므로 마인드 팰리스에 단단히 결합하는 것이 아주 중요합니다.

카드를 이미지로 변환시키는 방법은 3장에서 자세히 설명했으니, 본인에게 맞는 카드 기억시스템을 찾아 익히기 바랍니다. 그리고 기억저장소에 단단하게 결합하는 방법 역시 2장에 자세히 설명했으니 꼭 참고하여 훈련하기 바랍니다.

연습할 때는 결합보다는 변환에 중점을 두어 훈련해야 합니다. 변환을 할 때는 카드를 보는 즉시 단어가 떠올라야 하고, 단어가 떠오르는 즉시 해당 단어의 형상 이미지가 떠올라야 합니다.

단어의 형상 이미지까지 나아가지 않고 단어에서 그냥 멈추는 경우가 많은데, 의식적으로 형상 이미지까지 떠올리는 연습을 해야 합니다. 최종적으로는 카드를 보는 즉시 언어(단어)의 개입 없이 바로 이미지가 떠오를 만큼 이미지 변환에 많은 연습을 하기 바랍니다.

무작위 단어
기억하기

주어진 시간 내에 최대한 많은 무작위 단어를 기억하는 종목입니다.
무작위 카드 종목의 암기 시간과 리콜 시간은 다음과 같습니다.

시간　　　　기준	국가 기준	국제 기준	WMC 기준
암기 시간	5분	15분	15분
리콜 시간	15분	30분	30분

암기 시간

　먼저 무작위 단어 종목 시작에 앞서 무작위 단어로 가득 찬 암기
용지(그림23)가 배부됩니다. 암기용지에는 가로로 배열되어 있는 숫
자 종목과 달리, 세로로 배열된 단어가 제시됩니다. 암기용지 1장에
5개의 세로열이 있고, 1개의 열에는 20개의 단어가 있습니다. 총 단

1	모래	21	치다	41	소년	61	베리	81	실망
2	에러	22	가방	42	세탁	62	서명하다	82	신조
3	자원봉사자	23	지구	43	피아노	63	제안	83	칼
4	언어	24	바닥	44	풀	64	여가	84	장갑
5	판다	25	이벤트	45	엄마	65	피의 복수	85	시내
6	지하	26	긁다	46	맛	66	지원	86	시야
7	배달하다	27	큰 가위	47	기억	67	속눈썹	87	양모
8	휠트	28	망치로 두드리다	48	우산	68	석류나무	88	당나귀
9	아이들	29	산	49	보석	69	명랑	89	도보
10	지급	30	해자	50	기린	70	줄	90	찾아내다
11	환자	31	식물	51	종국	71	풀다	91	바위
12	장관	32	쟁기	52	아치	72	거절	92	결투
13	여행	33	창문	53	미로	73	물질	93	콩소메
14	컨디션	34	풀어보다	54	차	74	욕구	94	돛
15	햄버거	35	분쇄함	55	서양자두	75	천왕성	95	유성
16	모자	36	외관	56	총	76	정당화	96	트럭
17	빛	37	파도	57	사라지다	77	불꽃	97	살
18	어미닭	38	엎지르다	58	비누	78	간호사	98	증인
19	기차	39	딸	59	항구	79	작은 결함	99	벨
20	저장실	40	귀	60	대리석	80	가게	100	기계

그림23. **무작위 단어 암기용지(출처 : 홍콩기억력스포츠협회)**

어의 수는 대회가 치러지는 시점의 세계 기록보다 20% 더 많이 인쇄하도록 규정되어 있어, 세계신기록을 수립할 수 있도록 구성하고 있습니다.

보통 한 세로열의 20개 단어 중에 16개는 구체적인 형상 명사, 2개는 추상적인 명사나 형용사, 2개는 동사로 제시되는데, 대략 이 비율로 나온다는 것이지 반드시 그렇게 나오는 것은 아닙니다.

출제되는 단어는 전문용어나 특정계층이 자주 쓰는 용어는 배제되고, 일반적으로 널리 쓰이는 일상적이고 평범한 단어가 제시됩니다. 그리고 각 열의 20개 단어 앞에는 번호가 매겨져 있는데 참가자는 번호 순서대로 외워서 리콜용지에 기재해야 합니다.

참고로 외국에서 개최되는 대회에 참가할 경우 한국어로 번역된 암기용지를 제공하니, 이를 참고하여 대회 참가를 신청할 때 미리 요청하면 됩니다.

ASIA
MEMORY
Championships

1ˢᵗ Asia & 3ʳᵈ HK Memory Championships
Random Words Recall

Name : _____   WMSC ID : _____

1	21	41	61	81
2	22	42	62	82
3	23	43	63	83
4	24	44	64	84
5	25	45	65	85
6	26	46	66	86
7	27	47	67	87
8	28	48	68	88
9	29	49	69	89
10	30	50	70	90
11	31	51	71	91
12	32	52	72	92
13	33	53	73	93
14	34	54	74	94
15	35	55	75	95
16	36	56	76	96
17	37	57	77	97
18	38	58	78	98
19	39	59	79	99
20	40	60	80	100

그림24. **무작위 단어 리콜용지(출처 : 홍콩기억력스포츠협회)**

리콜 시간

주어진 암기 시간이 종료되면, 대회 진행요원이 암기용지를 회수하고, 리콜용지(그림24)를 나누어줍니다. 리콜용지는 암기용지와 같은 형식으로 되어있습니다. 즉, 리콜용지 1장에는 5개의 세로열이 있고, 1개의 세로열에 20개의 빈칸이 있는 것이지요.

심판의 신호로 리콜이 개시되면 주어진 시간 안에 리콜용지의 빈칸에 암기용지와 똑같은 순서로 무작위 단어를 기입합니다.

점수 산정 방식

무작위 단어 종목은 세로열 단위로 개별 점수를 계산한 후, 각각의 열에서 얻은 점수를 모두 합산하여 최종 점수를 산정합니다.

먼저 리콜용지 1개의 세로열에 기입한 20개의 단어를 순서대로 모두 맞추면 20점이 부여됩니다. 즉, 단어 1개에 1점인 셈이지요.

하지만 1열 20개 단어 중에 1개만 틀리고 (혹은 1개를 쓰지 못했거나) 나머지 19개를 모두 맞추었다고 하더라도, 19점이 되는 것은 아닙니다. 1열에 1개만 틀려도 절반이 감점이 되어 10점이 되며, 2개를 틀리면 점수가 없습니다. 즉, 1열에 18개 이하로 맞추면 해당 열의 점수는 0점이 됩니다.

그런데 무작위 단어의 경우 숫자 종목과 달리 철자 실수spelling mistakes가 있을 수 있습니다. 즉, 해당 단어를 분명하게 기억했다는 것이 객관적으로 인정됨에도 불구하고 단순한 철자 실수에, 10점이나 감점을 하는 것은 지나치게 가혹하므로, 철자 실수를 한 단어는 아예 제외하고 계산합니다. 예컨대, 1열 20개 무작위 단어 중에 철자 실수한 단어 1개를 제외한 19개를 모두 맞추었다면, 1개가 틀려서 10점이 되는 것이 아니라 철자 실수가 있는 부분은 아예 점수 산정에서 제외하여 1열에 단어가 19개가 있는 것처럼 계산하고, 다 맞히었으므로 19점이 되는 것입니다.

리콜용지 마지막 세로열의 경우는 특별하게 계산합니다. 마지막 열에서 20개의 단어가 모두 완성이 되었다면 위와 같이 계산을 하면 되지만, 완성되지 못했다면 마지막 열에 한해 기입한 곳까지만 점수를 계산합니다. 예컨대, 마지막 열 20개 중에 첫 12개까지만 적고 나머지 8개는 적지 못했다면, 12개가 1열인 것처럼 계산합니다. 즉, 12개 모두 맞추었으면 12점, 1개 틀리면 절반인 6점, 2개 이상 틀리면 0점이 됩니다.

만약 마지막 열에 홀수개의 단어를 기입하고 1개를 틀렸다면 소수점이 되는데 이 경우에는 반올림을 합니다. 예컨대, 마지막 열에

11개를 적고 10개를 맞추었다면, 11점의 절반인 5.5점이 아니라 반올림하여 6점이 되는 것입니다.

이렇게 리콜용지 모든 세로열의 개별 점수를 먼저 구한 후에 이를 합산한 점수가 바로 본인의 최종 점수가 됩니다.

전략

무작위 단어 종목은 암기대상(단어)이 고정되어 있지 않고, 무수히 많기 때문에 종목 특성상 따로 기억시스템이 없으므로 마인드 팰리스를 중심으로 전략을 정리해보도록 하겠습니다.

먼저 초보자의 경우 기억저장소 1개에 단어 2개씩 저장하는 것이 좋습니다. 저장소 1개에 단어 1개씩만 결합한다면, 순서를 혼동할 우려는 없겠지만 저장소가 부족해질 가능성이 크기 때문입니다. 물론 단어를 2개씩 결합할 경우 두 단어의 순서를 헷갈릴 수 있다는 단점이 있기는 하지만, 자신만의 룰에 의해 결합을 한다면 크게 문제될 것은 없습니다.

그리고 이미지의 사전 강화가 힘든 무작위 단어를 한 저장소에 3개 이상 결합하는 것은 리콜이 힘들 뿐만 아니라 단어 순서도 헷갈릴 가능성이 크므로 가능하면 삼가는 것이 좋습니다.

기억시스템을 통해 이미지가 정형화되어 있는 숫자나 카드 종목과 달리 무작위 단어 종목은 지정된 이미지가 없습니다. 즉, 매번 새로운 이미지(단어)를 기억저장소에 결합하는 것이므로 숫자나 카드 종목에 비해 결합력 떨어질 수밖에 없습니다. 그러므로 무작위 단어 종목은 특히 중간에 반복을 하면서 결합이 약한 부분은 이중으로 다시 결합하는 것이 필요합니다.

많이 암기하는 것도 중요하지만 감점 폭이 크므로 실수를 하지 않는 것이 더욱 중요합니다. 쉽게 말해 10개를 공들여 외워 봤자 1개만 틀리면 무용지물이 되어버리는 것이지요.

그러므로 무작위 단어를 저장하는 기억저장소는 특별히 강화하여 따로 만들어 두는 것도 한 방법입니다. 또한 평소에 단어(글자)를 볼 때 이미지로 변환하는 연습을 하는 것도 도움이 될 것입니다.

불러주는 숫자
기억하기

불러주는 숫자를 듣고 최대한 많은 숫자를 순서대로 기억하는 종목입니다. 불러주는 숫자 종목의 암기 시간과 리콜 시간은 다음과 같습니다.

기준 시간	국가 기준	국제 기준	WMC 기준
암기 시간	1차 :100초 2차 :세계기록+20%	1차 :100초 2차 :300초 3차 :세계기록+20%	1차 :200초 2차 :300초 3차 :세계 기록+20%
리콜 시간	1차 :5분 2차 :25분	1차 :5분 2차 :15분 3차 :25분	1차 :10분 2차 :15분 3차 :25분

불러주는 숫자 종목은 초보자가 가장 어려워하는 종목입니다. 심지어 10개 종목 중 이 종목을 포기하는 분도 더러 있을 정도입니다.

하지만 어려워하는 분들이 많은 만큼, 역으로 조금만 연습해도 상대적으로 많은 점수를 올릴 수 있는 종목이기도 합니다.

암기 시간

불러주는 숫자 종목은 숫자를 보고 외우는 것이 아니라, 듣고 암기를 하는 종목이므로 따로 암기용지가 없습니다.

심판의 신호로 암기 시간이 개시되면, 대회장의 스피커를 통해 0부터 9까지 10개의 숫자가 무작위로 방송이 됩니다. 각국의 언어로 번역되어 출제되는 다른 종목과 달리 불러주는 숫자 종목의 경우에는 오직 영어로만 방송이 되기 때문에, 0부터 9까지의 숫자에 해당하는 영어 발음을 알고 있어야 합니다. 그리고 숫자를 불러주는 속도는 1초에 하나씩 방송되므로 굉장한 집중력이 필요합니다.

국가 기준의 경우에는 2번의 기회가 주어지며, 국제 기준과 세계기억력대회 기준의 경우에는 총 3번의 시도 기회가 주어집니다. 어떤 기준으로 대회를 치르더라도 마지막 시도 기회에서는 세계신기록을 작성할 수 있도록 대회가 치러지는 시점의 시계기록보다 20% 더 많은 숫자를 불러줍니다.

방송이 되는 동안에는 절대 메모를 할 수 없습니다. 부정행위를 방지하기 위해 암기 시간 중에 책상 위에 메모지나 필기구를 두는 것은 금지됩니다.

리콜 시간

다른 종목과 달리 불러주는 숫자 종목의 경우 암기 시간 직전에

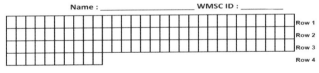

그림25. **불러주는 숫자 리콜용지**(출처 : 홍콩기억력스포츠협회)

리콜용지(그림25)가 미리 배부됩니다. 리콜용지를 받으면, 책상 위에 올려놓을 수 없고, 본인의 책상 옆 바닥에 리콜용지와 필기구를 내려놓아야 합니다.

불러주는 숫자 방송(암기 시간)이 모두 끝나면 바로 심판이 리콜 시간을 개시하는데, 미리 배부 받아 바닥에 놓았던 리콜용지와 필기구를 주워서 즉시 작성하면 됩니다. 다른 숫자 종목과는 달리 줄 단위 채점이 아니므로 리콜용지를 작성할 때는 (암기 시간에 불러줬던 숫자 순서대로) 반드시 처음부터 순서대로 써야합니다.

사람마다 목표한 숫자가 다를 것입니다. 어떤 참가자는 20개만 외우는 것이 목표일 수 있고, 또 다른 참가자는 100개가 목표일 수 있습니다.

보통 자신이 목표한 자릿수에 도달하면, 다음에 불러주는 숫자는 듣지 않고, 즉시 머릿속으로 리콜을 시작하는데 이때 다른 사람이 암기하는 것을 방해하지 않도록, 불러주는 숫자 방송(암기 시간)이 모두 끝날 때까지는 조용히 머릿속으로만 리콜을 진행해야 합니다.

점수 산정 방식

불러주는 숫자 종목은 다른 숫자 종목과 달리 줄 단위로 점수를 매기는 것이 아니라 리콜용지에 기재한 숫자 1개 단위로 점수를 산정합니다. 즉, 맞힌 숫자 1개당 1점의 점수가 주어지며, 처음으로 틀리는 순간 점수 산정은 종료됩니다.

예컨대, 처음 15개를 맞추고 16번째 숫자를 틀리게 기입했다면, 15점이 됩니다. 즉, 처음으로 틀린 숫자 직전까지 맞힌 숫자의 개수가 득점이 됩니다. 처음으로 틀린 숫자 이후의 숫자는 아무리 많이 맞추어도 점수로 인정되지 않습니다. 극단적으로 예를 들면, 100개의 숫자를 적었다고 가정할 때, 99개를 맞히고 1개만 틀렸다고 하더라도 틀린 1개 숫자의 위치에 따라 1점이 될 수도 있고, 99점이 될 수도 있습니다. 즉, 앞에서 두 번째 숫자를 틀렸다면 1점이 되는 것이고, 마지막 100번째 숫자를 틀렸다면 99점이 되는 것입니다.

그러므로 10개 종목 중에 가장 집중력을 요하는 종목이며, 연습을 통해 자신의 현 실력을 반드시 파악한 후 전략을 짜야하는 종목이라고 할 수 있습니다.

전략

암기용지가 있는 다른 종목의 경우에는 암기 시간에 순간적으로 집중력을 잃더라도 점수는 손해를 보겠지만, 다시 앞으로 가서 보면 그만입니다. 하지만 불러주는 숫자 종목은 다릅니다. 한번 부른 숫자는 다시는 불러주지 않습니다. 그리고 한번 틀리면 그 이후는 아무리 정확하게 암기를 해도 의미가 없으므로 암기 시간에 본인이 할 수 있는 최대한의 집중력을 발휘해야 합니다.

또한 1초에 1개씩 숫자가 연이어 나오기 때문에 이미지를 기억 저장소에 결합하는 데만도 시간이 부족하므로 이미지 변환을 최대한 빠르게 해야 합니다.

불러주는 숫자 종목은 1초 안에 변환과 결합이 동시에 이루어져야 하며, 종목 특성상 중간에 반복할 수가 없으므로 한 순간만 변환이 늦어지거나 결합을 놓치더라도 거기서 끝이기 때문에, 변환과 결합에 모두 신경을 써야 하며, 기반도 정말로 자연스럽게 떠오를 정도가 되어야 합니다. 즉, '변환-마인드팰리스-결합'의 3박자가 단 1초 안에 맞아떨어져야 하는 종목입니다.

숫자 기억시스템 차용 전략 : 숫자 기억시스템 차용 전략은 글자 그대로 불러주는 숫자를 숫자 기억시스템을 이용하여 기반에 저장하는 전략입니다. 숫자 기억시스템은 3장에서 설명했으므로 그중에서 본인이 사용하고 있는 시스템을 차용하면 됩니다.

숫자 기억시스템 차용 전략은 간단하기 때문에 굳이 예시를 들지 않아도 금방 이해가 될 것입니다. 그런데 숫자가 영어로 방송되기 때문에 숫자를 이미지로 변환할 때, 영어(숫자)를 우리말로 바꾸는 단계가 추가되어 시간이 걸린다는 단점이 있습니다.

예를 들어, 2자릿수 시스템을 차용할 경우, 포Four 파이브Five ⇒ 사오(45) ⇒ 사오정이 되어 중간에 영어(숫자)를 우리말로 바꾸는 과정이 개입하게 됩니다. 즉, 변환 단계에서 이미 시간이 소요되기 때문에 변환된 이미지를 저장소에 결합하는 시간까지 포함하여 1초

안에 모두 끝내기가 만만치 않습니다. 따라서 이 전략을 사용하기 위해서는 정말 많은 연습을 해야 합니다.

영어 발음 변환시스템 : 숫자 기억시스템 차용 전략은 중간에 영어를 우리말로 바꾸는 과정이 추가되기 때문에 생각만큼 익히기 쉽지 않습니다. 그래서 영어를 우리말로 바꾼 후에 이미지로 변환하는 것이 아니라 영어 발음을 소리 나는 그대로 발음 변환하는 시스템이 고안되었습니다.

영어 발음 변환시스템(기억시스템의 일종이므로 원래는 3장에 소개가 되어야 하지만, 종목 규칙을 먼저 알고 난 다음에 시스템을 배우는 것이 낫다는 판단에서 4장에 소개)은 권순문 선생님께서 창안하셨는데, 영어를 우리말로 변환한 후에 이미지로 변환하는 것이 아니라 숫자를 2자리 단위로 묶어서 영어 발음을 소리 나는 대로 발음 변환을 이용하여 이미지로 변환하는 것입니다. 예컨대, 포Four 파이브Five를 먼저 우리말 사오(45)로 변환한 후, 발음 변환을 이용해 사오정(2자릿수 시스템)으로 이미지 변환하는 것이 숫자 기억시스템 차용 전략이라면, 영어 발음 변환시스템은 포 파이브를 영어 발음 그대로인 포파이브에서 발음 변환하여 뽀빠이로 이미지 변환하는 것입니다. (포파이브 ⇒ 뽀빠이)

영어 발음 변환시스템을 사용할 경우 기존의 숫자 기억시스템을 차용할 수 없어 새로 시스템을 만들어 익혀야 하는 단점이 있지만, 변환 단계에서 시간을 절약해 주는 아주 큰 장점이 있습니다.

다음의 표27은 제가 만든 영어 발음 변환시스템입니다. 100개 모두 직관적인 발음 변환을 이용했기 때문에 한 시간이면 누구나 익

	0 지로	1 원	2 투	3 스리	4 포	5 파이브	6 식스	7 세븐	8 에잇	9 나인
0 지로	지지(배)	(은)지원	지투	지수	지포(라이터)	지팡(이)	지식(인)	G7	지애	지나
1 원	원지(유배)	원	원투(펀치)	원수	원폭	원판	원시(인)	(유치)원생	원예	원나(잇)
2 투	투지	2(NE)1	투투	투수	투표	투파(권)	투시	투세(싸움자세)	투에(이엠)	튜나(참치)
3 스리	수지	수원(화성)	스트(라익)	스승	스포(츠)	스파(이)	스시	수세(미)	수애	쓰나(미)
4 포	4G(폰)	포환	포트	포수	뽀뽀	뽀빠(이)	포식(자)	포세(이돈)	포에(버)	포낭
5 파이브	파지	파워(레인저)	화투	파스	파(워)포(인트)	파파	파시(스트)	파쇄(기)	파에(야)	파나(마)
6 식스	식지	시원	시트	식수	시폰	식빵	씩씩(하게)	식생(활)	식혜	신나
7 세븐	(김)세진	(서)세원	세트	세수	세포	세팍(타크로)	3시	셰셰	새해	새나(라)
8 에잇	에지	애원	에투	예수	A4	예판(대감)	예식(장)	에쎄(담배)	에잇!	애나(벨)
9 나인	난지(도)	나원(참)	나뚜(르)	나스(닥)	나폴(레옹)	난파(선)	나시	난세	나애(리)	나나

표27 영어 발음 변환시스템

힐 수 있을 것입니다. 물론 표27을 참고하여 자신만의 영어 발음 변환시스템을 만들어 익혀도 됩니다.

기반을 사용할 때는 가장 자연스럽게 떠올릴 수 있는 기반을 사용하는 것이 좋고, 기반을 다루는 것이 익숙하지 않은 초보자의 경우 기반(거실 기반 등)을 직접 보거나 기반 사진을 종이에 출력(기반은 디지털카메라나 스마트폰을 활용하여 사진을 찍어서 정리)해서 보는 등의 방법으로 저장소를 눈으로 직접 보고 결합하면서, 먼저 기반에 익숙해지는 훈련을 하기 바랍니다. 여의치 않은 환경이라면 즉석 기반을 만들어 연습해도 좋습니다.

불러주는 숫자 종목은 국가 기준(국제 기준 및 WMC 기준 대회는 3번의 기회)으로 총 두 번의 기회가 주어지며, 두 번의 시도의 평균 점수가 아니라 더 높은 점수가 이 종목의 최종 점수가 됩니다. 여기서 두 기록의 평균 점수가 아니라 더 높은 점수를 취한다는 점을 잘 활용해야 합니다. 초보자의 경우 일반적으로 첫 번째 시도에서는 연습할 때의 평균 점수를 목표로 삼아 안정적으로 경기를 운영하는 것이 좋습니다. 만약 목표 점수를 달성했다면, 두 번째 시도에서는 연습 시의 최고점수 이상을 목표로 삼고 공격적으로 경기에 임하면 됩니다. 만약 첫 번째 시도에서 목표 점수를 달성하지 못했다면, 두 번째 시도에서 무리하지 말고 더 신중하게 경기에 임해야 합니다.

첫 번째 기회가 끝난 다음에 휴식 시간이 주어집니다. 이 시간에 첫 번째 시도 결과(득점)가 발표되므로 반드시 점수를 확인한 후에 두 번째 시도에서 어떤 전략으로 임할 것인지 결정하기 바랍니다.

스피드 카드
기억하기

카드 한 팩(52장)을 최대한 빠른 시간 내에 모두 기억하는 종목입니다. 스피드 카드 종목의 암기 시간과 리콜 시간은 다음과 같습니다.

시간 \ 기준	국가기준	국제기준	WMC 기준
암기 시간	5분 이내	5분 이내	5분 이내
리콜 시간	5분	5분	5분

스피드 카드 종목은 기억력스포츠의 꽃이라고 할 수 있는 종목입니다. 10개 종목 중 가장 암기 시간이 짧고(일류 선수들의 경우 1분 이내), 암기하고 리콜하는 과정이 다른 종목보다 시각적으로 화려하기 때문에 TV 예능 프로그램에서도 종종 나오곤 합니다.

스피드 숫자 종목과 무작위 숫자 종목의 관계처럼 스피드 카드 종목 역시 롱 카드 종목과 유사하다고 생각하기 쉽지만 두 종목은 의외로 차이점이 많습니다.

스피드 카드 종목이 롱 카드 종목에 비해 암기 시간(5분 이내)과 리콜 시간(5분)이 짧고, 총 두 번의 기회가 주어진다는 점 외에도 경기 진행 방식과 점수 산정 방식이 다릅니다.

그러면 기억력스포츠대회에서 항상 마지막에 치러져 하이라이트를 장식하는 종목인 기억력스포츠의 꽃, 스피드 카드 종목의 규칙과 경기 전략에 대해 알아보도록 하겠습니다.

암기 시간

롱 카드 종목과 마찬가지로 대회장에서 사용되는 카드는 주최 측에서 준비하는 것이 아니라 참가자 본인이 직접 준비해서 가지고 가야 합니다. 스피드 카드 종목은 두 번의 기회가 주어지므로 총 4개의 카드 팩을 준비하는데, 2개는 섞인shuffled 것으로 나머지 2개는 섞지 않은unshuffled 것으로 준비합니다.

보통 대회 첫째 날 개회식 전에 참가자 등록을 하는데 이때 가져온 카드를 주최 측에 제출합니다. 그러면 주최 측은 카드를 수검하고 섞은 후에 다시 밀봉합니다.

스피드 카드 종목을 시작하기 전에 대회 진행요원들이 제출했던 카드를 미리 나누어줍니다. 스피드 카드는 두 번의 시도 기회가 주어지므로, 한 번의 기회마다 섞인shuffled(암기용) 카드 팩과 섞지 않은 unshuffled(리콜용) 카드 팩을 각 1개씩 배부해 줍니다. 대회 진행요원들은 참가자 사이를 계속 돌아다니면서 암기 시간이 시작하기 직전까지 즉석에서 다시 암기용 카드shuffled를 섞습니다.

심판의 신호로 암기 시간이 시작되면 테이블 위에 놓여있는 섞인 카드 팩을 암기합니다. 스피드 카드 종목에서 주어진 최대 암기 시간은 5분입니다. 5분을 꽉 채워 외워도 되지만, 5분의 범위 안에서는 언제 시작하고 언제 끝낼지는 선수 본인이 결정합니다.

예컨대, 선수 본인이 2분 이내에 카드 한 팩을 외울 수 있다고 판단되면, 암기 시간(5분) 범위 내에서 2분을 사용하면 됩니다. 즉, 심판의 암기 시간 개시 신호와 종료 신호 사이의 5분 내에서는 자유롭게 시작하고 종료할 수 있습니다.

그러므로 자신이 5분을 꽉 채워서 외우겠다는 참가자가 아닌 이상, 즉 5분 이내로 외울 수 있는 참가자는 스피드 스택스 타이머를 준비해서 시간을 기록해야 합니다.

홍콩국제기억력대회 스피드 카드 : 암기 시간

만약 5분 내에 카드 한 팩을 암기하지 못하더라도 즉, 카드를 외우는 도중에 암기 시간이 종료될 것 같아도 외운 만큼 부분 점수가 부여되므로 마지막까지 최선을 다해 외워야 합니다. 5분이 지나 심판이 종료 신호를 하면 즉시 멈추어야 합니다.

참가자가 암기 시간(5분 이내) 이내에 카드 암기가 끝났다고 하더라도 바로 리콜할 수 없고, 심판이 리콜 시간(5분) 시작을 선언해야 리콜을 할 수 있습니다. 게다가 스피드 카드는 0.01초를 다투는 시간 경쟁이므로 기반에 단단하게 결합할 여유가 없습니다. 따라서 카드 암기가 끝나는 즉시 머릿속으로 리콜을 계속 해보면서 결합을 다질 필요가 있습니다.

리콜 시간

종목 시작 전에 카드 2팩을 배부받는다고 했습니다. 하나는 주최 측에 의해 섞인 카드 팩으로, 암기 시간에 암기할 카드 팩입니다. 다른 하나는 리콜할 때 사용되는 섞지 않은 카드 팩으로, 카드를 처음 개봉했을 때의 순서와 동일합니다.

리콜 시간 개시가 선언되면 참가자는 리콜용 카드 팩unshuffled을, 암기용 카드 팩shuffled과 똑같은 순서로 배열해야 합니다. 리콜 시간이 종료되면 리콜용 카드 팩을 암기용 카드 팩 옆에 나란히 놓아두면 됩니다.

점수 산정 방식

스피드 카드 종목은 다른 종목과 달리 현장에서 참가자와 심판이 직접 점수를 산정합니다. 리콜 시간이 끝나면 심판이 다가와 2개의 카드 팩 배열이 같은 지를 비교합니다. 이때 참가자와 심판이 각각 1개의 카드 팩을 들고 동시에 한 장씩 내려놓으면서 비교합니다.

즉, 참가자와 심판이 암기용 카드와 리콜용 카드를 각각 손에 쥐고 한 장씩 테이블 위해 내려놓으면서, 리콜용 카드를 암기용 카드와 똑같이 배열을 했는지 검증합니다. 선수 본인이 직접 채점에 참여하므로 한 장씩 카드를 내려놓을 때는 상당한 긴장감을 느낄 수 있습니다.

이렇게 서로 카드를 한 장씩 내려놓다가 불일치한 카드가 나오면 카운트를 멈춥니다. 카드 한 팩을 모두 외우지 못했으므로 스피드 스택스 타이머 등으로 잰 시간 기록은 무효가 되지만, 점수가 없는 것은 아닙니다. 즉, 다 외우지 못했다고 하더라도 외운 만큼의 카드 개수를 헤아려 부분 점수를 부여합니다. 하지만 스피드 카드 종

2016 홍콩국제기억력대회 스피드 카드 : 점수 산정

목은 카드 한 팩(52장)을 얼마나 빨리 외우느냐를 겨루는 종목이므로, 52장을 다 외우지 못하고 일부만 외웠을 경우에 주어지는 부분 점수는 크지 않습니다.

만약 2개의 카드 팩이 마지막 장까지 모두 일치하면 타이머에 기록된 시간이 스피드 카드에서 해당 선수의 기록이 됩니다. 스피드 카드 종목은 두 번의 기회가 주어지므로 더 빠른 기록이 바로 본인의 공식 기록이 됩니다. 그리고 공식 기록을 기록별 점수 산정 공식에 따라 변환한 점수가 본인의 최종 점수가 되겠습니다.

전략

스피드 카드 종목은 10개 종목 중에서 유일한 시간 기록 경쟁 종목이며, 단 한 번만 실수해도 시간 기록이 무효가 되어 버립니다. 따라서 본인에게 맞는 기억시스템을 찾아 습득하고, 빠르고 단단하게 결합하면서도 실수를 최소화하는 데 신경쓰면서 훈련해야 합니다.

카드 기억시스템에 대해서는 3장에 자세히 설명했으니, 본인에게 적합한 기억시스템을 찾아 익히도록 합니다. 그리고 기억저장소를 강화하고 단단하게 결합하는 방법은 2장에 자세히 설명했으니 꼭 참고하여 훈련하시기 바랍니다.

무작위 카드 종목과 달리 스피드 카드 종목은 총 두 번의 기회가 주어지며, 두 번의 시도의 평균기록이 아니라 더 빠른 기록을 공식 기록으로 취한다는 점을 잘 활용해야 합니다.

일반적으로 첫 번째 시도에서는 연습할 때의 평균 기록을 목표로 삼고 안정적으로 경기를 운영하는 것이 좋습니다. 그리고 만약 목표 기록을 달성 했다면, 두 번째 시도에서는 연습할 때의 최고 기록 이상을 목표로 삼고 공격적으로 경기에 임하면 됩니다. 그러나 만약 첫 번째 시도에서 목표 기록을 달성하지 못했다면, 두 번째 시도에서 무리하지 말고 더 신중하게 경기에 임해야 합니다.

이상으로 10개 종목의 규칙과 경기 전략에 대한 설명을 마칩니다. 마지막으로 점수 산정 방식에 대해서 부연하자면, 실제 대회에서는 10개 종목의 기록을 챔피언십 포인트(Championship Points)라는 일종의 표준 점수로 환산하여 전체 선수들의 성적을 비교합니다. 이는 각 종목의 만점을 1,000점(각 종목의 만점이 1,000점이므로, 10개 종목 총점의 만점은 10,000점)으로 하여, 종목별 기록을 점수로 환산한 것입니다. 챔피언십 포인트는 대회 기준별 차이도 공식을 통해 보정하여 환산되기 때문에, 기준이 다른 대회에서 나온 기록도 서로 비교하여 랭킹을 매길 수 있습니다. 자세한 계산 방식은 복잡할 뿐만 아니라, 굳이 알 필요가 없으므로 설명을 생략하도록 하겠습니다.

참고로 WMSC 공식 통계 사이트에 점수 계산기(289쪽 참조)가 있으므로 필요할 경우 언제든지 본인의 기록을 챔피언십 포인트로 변환할 수 있습니다.

TIP 13

추상적 이미지 대안, 구체적 이미지

추상적 이미지 종목은 여전히 세계기억력스포츠협회 10개 종목 중 하나이지만, 신생 국제기구인 국제기억력연맹(10개의 정식 종목이 있으며, 추상적 이미지를 제외한 나머지 9개 종목은 규칙과 전략이 동일합니다)에서는 퇴출되었다고 했습니다. 추상적 이미지 종목 대신 국제기억력연맹에서 새로 도입한 종목이 구체적 이미지Concrete Images 또는 무작위 이미지 Random Images라는 종목입니다.

구체적 이미지 종목은 추상적 이미지 종목에서의 추상적 이미지가 구체적 이미지로 대체된 것 외에는 추상적 이미지 종목과 동일하다고 생각하면 됩니다. 즉, 추상적 이

그림26. 구체적 이미지 암기용지(출처 : 국제기억력연맹)

미지의 순서를 외우는 것이 아니라 구체적 이미지의 순서를 외우는 것이지요.

1장에 10개의 가로줄이 있고, 1줄에는 5개의 구체적 이미지가 제시되며, 바로 이 5개의 구체적 이미지 순서를 외우는 것입니다. 이미지 변환이 필요 없다는 점에서 암기하기 쉽고, 암기 시간은 5분으로 짧으며, 점수 산정 방식은 추상적 이미지 종목과 동일합니다. 그리고 주어진 시간 내에 최대한 많은 줄의 구체적 이미지 배열을 제시된 순서대로 기억하는 것이므로 경기 전략 역시 추상적 이미지 종목과 비슷합니다.

첫째, 추상적 이미지 종목의 자유 연상 전략을 차용하여 각 줄의 마지막 이미지를 제외한 4개의 이미지를 기반(기억저장소 2개)에 저장하는 방법입니다. 즉, 각 줄의 첫 번째와 두 번째 이미지를 한 저장소에 결합하고, 세 번째와 네 번째 이미지를 다른 저장소에 저장합니다.

둘째, 연쇄 결합 전략입니다. 구체적 이미지는 이미지 변환이 필요 없을 뿐만 아니라, 이미지 자체가 암기용지에 제시되어 눈에 보이므로 추상적 이미지 종목보다 스토리를 만들기가 훨씬 쉽습니다. 따라서 각 줄의 마지막 이미지를 제외한 4개의 이미지로 스토리를 만들어서 1개의 저장소에 결합하는 것입니다. 물론 연쇄 결합을 이용할 경우 하나의 스토리가 완성되므로 기반에 결합하지 않아도 되지만, 초보자의 경우에는 각 줄의 첫 번째 이미지라도 기반에 결합하는 것을 권합니다.

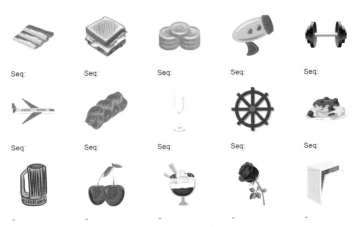

그림27. 구체적 이미지 리콜용지(출처 : 국제기억력연맹)

무작위 단어 암기 요령

무작위 단어에는 명사만 나오는 것이 아니라, 동사도 출제됩니다. 명사와 동사는 글자로는 확연히 구분되지만, 이미지로는 구분이 명확하지 않아, 리콜을 할 때 헷갈릴 수 있습니다.

이때 명사와 동사를 구분하기 위해, 동사를 결합할 때 이미지에 움직임을 덧붙여서 결합하는 방법도 있지만, 명사가 아니라 동사라는 것을 강조하기 위해 특별한 장치(역사/연도 종목 전략에서 이천 년대 연도, 즉 20□□의 암기 방법을 설명할 때, 특별한 장치를 덧붙여 결합하는 요령과 유사하므로 248~249쪽을 참고하기 바랍니다.)를 덧붙여 결합할 수도 있습니다.

참고로 저의 동료인 고혜정 선수의 경우 짧은 시간에 많은 단어를 외우려 하다 보면 단어 하나하나에 시간을 쏟을 여유가 없으므로 특별한 장치를 덧붙여도 간혹 명사와 동사의 혼동이 오는 경우가 있기 때문에 별도의 방법을 사용한다고 한 적이 있어 여기에 소개하도록 하겠습니다.

고혜정 선수는 무작위 단어를 기반에 빠르게 결합하면서 한 열에 있는 동사의 수를 빠르게 체크한다고 합니다. 만약 해당 열에 동사가 2개 있었는데, 리콜하는 중에 명사인지 동사인지 혼동되는 이미지가 나왔다고 가정하겠습니다. 만약 해당 열에서 이미 동사 2개가 모두 리콜이 되었다면 혼동되는 이미지는 명사가 됩니다. 그런데 동사가 1개만 리콜이 되었고 다른 것은 모두 명사가 확실하다면 헷갈리는 이미지는 동사가 되는 것입니다.

그리고 글자가 아니라 이미지를 저장하다 보니 리콜을 할 때 비슷한 이미지를 가진 다른 단어를 도출하는 경우가 있습니다. 예를 들면 제 경우 2016년 8월에 개최된 홍콩국제기억력대회에서 '소매끝동'이라고 출제된 단어를 '소매밑단'이라고 기재해 틀린 경우가 있었습니다.

따라서 외우는 중에 이미지의 혼동이 올 수 있을 것 같은 단어의 경우 신중하게 결합할 필요가 있습니다. 예컨대, '호랑나비'라는 단어가 나온다면, 단순히 '호랑나비'의 이미지만 결합하는 것보다는 '나비 날개가 달린 호랑이가 포효하면서 나풀나풀 날아다니는 이미지' 등으로 변환하여 결합하는 것이 리콜할 때 혼동을 막을 수 있습니다.

또한 추상적인 명사의 경우에는 이미지로 변환하기 힘들어 하는 사람들이 많은데, 무작위 단어 종목에 출제되는 추상적 단어는 어려운 단어가 아니라 일상생활에서 보편적으로 쓰이는 단어입니다. 그러므로 추상명사의 경우 가장 먼저 떠오르는 이미지를 가지고 저장을 하거나 추상적 행위를 하는 구체적 형상 이미지를 생각하면 됩니다.

예컨대, '열정'이라는 단어가 나왔다면, '열정이라는 노래를 부르며 춤추는 유승준'을 열정의 변환 이미지로 삼아 저장할 수 있을 것입니다.

메모리 래더 어플리케이션

기억력스포츠 10개 종목을 스마트폰을 통해 언제 어디서나 재미있게 연습할 수 있는 어플리케이션이 있어 소개하도록 하겠습니다. 먼저 본인의 스마트폰에 메모리 래더 Memory Ladder라는 앱을 설치하여 실행하기 바랍니다. 그러면 다음과 같이 초기 메뉴 화면이 나옵니다.

- Climb the Ladder는 각 종목별로 다섯 단계로 레벨을 나누어 연습을 할 수 있는 메뉴입니다. 해당 단계의 목표를 달성하면 다음 단계로 나아가는데, 단계가

올라갈수록 목표 달성이 어려워집니다.

- Compete는 10개 종목을 국가 기준에 맞추어, 실전과 같은 연습을 할 수 있는 메뉴입니다.
- Train은 연습 조건을 사용자가 설정하여 연습할 수 있는 메뉴입니다. 암기 시간, 리콜 시간 그리고 암기할 정보의 양까지 사용자 마음대로 구성할 수 있어서 언제든지 본인의 상황에 맞추어 연습할 수 있습니다.

단, 한글을 지원하지 않기 때문에 무작위 단어, 역사/연도, 이름&얼굴의 세 종목은 연습하기 어렵지만, 사용언어와 관련 없는 나머지 7개 종목에 대해서는 얼마든지 연습이 가능합니다.

Compete 종목선택 메뉴

스피드카드 암기시간

스피드카드 리콜시간

예를 들면, Compete 메뉴의 스피드 카드 종목 화면 구성은 다음과 같습니다.

리콜이 끝나면 점수가 자동으로 산정되어 나오며, 무엇을 틀렸는지 리뷰Review도 할 수 있게 구성되어 있습니다. 저자의 경우 출퇴근 시간을 이용하여 틈틈이 이 앱을 이용하여 연습하곤 합니다. 특히, 불러주는 숫자 종목의 경우에는 다른 종목과 달리 숫자를 들으면서 연습해야 하므로, 메모리 래더 앱을 잘 활용하여 연습하기 바랍니다.

국제기억력마스터

국제기억력마스터IMM란 세계기억력대회WMC에 참가하여 일정한 기준을 충족한 선수들에게 세계기억력스포츠협회WMSC에서 부여하는 타이틀의 일종입니다. 자격 기준은 다음과 같습니다.

■ 국제 기억력 마스터International Master of Memory, IMM
무작위 숫자(1시간, WMC 기준) : 숫자 1,000개 이상
롱 카드(1시간, WMC 기준) : 카드 10팩(520장) 이상
스피드 카드 : 2분 이내

위 조건은 한 대회에서 동시에 충족할 필요는 없으며, 스피드 카드 종목의 경우에는 국내 기준이나 국제 기준을 적용하는 WMSC 공인 대회 기록도 인정이 됩니다. (무작위 숫자와 롱 카드 종목은 WMC 기준이므로 세계기억력대회에서 얻은 기록만 인정됩니다.) 세 가지 조건을 모두 충족한 사람 중에 10개 종목 개별 점수를 합산한 총점이 3,000점 이상인 선수에게 국제 기억력 마스터 타이틀을 부여합니다.

현재 우리나라에는 권순문 선생님(한국 랭킹 1위)과 정계원 선수(한국 랭킹 3위, 한국기억력스포츠협회 이사) 2명이 IMM 타이틀을 보유하고 있습니다. 세계적으로도 240명(2017년 10월 기준)만 보유하고 있을 정도로 희소성이 있는 타이틀이니 여러분도 한번 도전해 보기 바랍니다.

■ 기억력 그랜드 마스터 Grand Master of Memory, GMM

세계기억력대회에서 총점 5,000점을 넘은 선수 중 (GMM이 아닌) 상위 5명에게 기억력 그랜드 마스터 타이틀을 부여합니다.

■ 기억력 국제 그랜드 마스터 International Grandmaster of Memory, IGM

세계기억력대회에서 총점 6,000점을 넘은 모든 선수에게 기억력 국제 그랜드 마스터 타이틀을 부여합니다.

■ 세계 기억력 챔피언 World Memory Champion (WMC)

세계기억력대회 WMC 우승자에게 부여하는 타이틀입니다.

도전! 기억력스포츠

◆ 종합 세계 랭킹

랭킹	기록	선수	국적	대회
1	Johannes Mallow	8792	독일	스웨덴 오픈 2013
2	Alex Mullen	8647	미국	WMC 2016
3	Marwin Wallonius	8086	스웨덴	WMC 2015
4	Simon Reinhard	7806	독일	WMC 2015
5	Jonas von Essen	7407	스웨덴	WMC 2014
6	Huang Shenghua	7141	중국	WMC 2016
7	Su Zehe	7088	중국	WMC 2016
8	Wang Feng	6779	중국	WMC 2011
9	Munkhshur Narmandakh	6770	몽골	WMC 2016
10	Liu Huifeng	6730	중국	WMC 2016

2017년 10월 현재, WMSC

◆ 종목별 세계 기록

종목	기록	선수	국적	대회
불러주는 숫자 (1초)	456개	Lance Tschirhart	미국	WMC 2015
이진수(5분)	1080개	Johannes Mallow	독일	스웨덴 오픈 2013
역사/연도(5분)	132연도	Johannes Mallow	독일	스웨덴 오픈 2011
이름&얼굴(5분)	97점	Katie Kermode	영국	케임브리지 2015
스피드 숫자(5분)	520개	Marwin Wallonius	스웨덴	WMC 2015
무작위 단어(5분)	125단어	Simon Reinhard	독일	대만 오픈 2015
스피드 카드(5분)	20.233초	Su Zehe	중국	홍콩 오픈 2017
롱 카드(10분)	372장	Simon Reinhard	독일	케임브리지 2015
추상적이미지(15분)	622점	Su Zehe	중국	WMC 2016
이름&얼굴(15분)	187점	Yanjindulam Altansuh	스웨덴	홍콩오픈 2015
무작위 숫자(15분)	1014개	Johannes Mallow	독일	케임브리지 2015
무작위 단어(15분)	300단어	Simon Reinhard	독일	독일 오픈 2010
이진수(30분)	5040개	Marwin Wallonius	스웨덴	WMC 2015
롱 카드(30분)	884장	Ben Pridmore	영국	더비 2008
무작위 숫자(30분)	1800개	Marwin Wallonius	스웨덴	덴마크 오픈 2015
롱 카드(60분)	1626장	Alex Mullen	미국	WMC 2016
무작위 숫자(60분)	3029개	Alex Mullen	미국	WMC 2015

2017년 10월 현재, WMSC

◆ 기억력스포츠를 배울 수 있는 사이트

• http://blog.daum.net/orissam
한국랭킹 1위 권순문 선생님의 블로그. 스포츠기억법과 학습기억법에 관한 각종 자료
와 동영상이 제공됩니다. 양과 질 모든 면에서 국내 최고의 사이트입니다.

• http://www.somssi.com
한국랭킹 2위 조주상 선수의 기억력학교 '생각솜씨'

• http://memorymagazine.co.kr
정계원 기억력마스터의 기억력 매거진. 기억법, 기억력 상식, 기억력 대회 등 기억력
관련 정보를 얻을 수 있습니다.

• http://blog.naver.com/ovpower1235
기억술사 조신영 선수의 블로그

• http://blog.naver.com/buuldad
저자의 블로그. 책을 읽고 피드백을 주시거나 문의사항이 있다면, 블로그나 이메일을
통해 연락주시기 바랍니다. (이메일 주소 : buuldad@naver.com)

◆ 기억력스포츠 공식협회 관련 사이트

• http://www.worldmemorychampionships.com
세계기억력스포츠협회(WMSC) 공식 사이트

• http://www.world-memory-statistics.com
세계기억력스포츠협회(WMSC) 공식 통계 사이트. 세계 각지의 WMSC 공식 대회 일정,
대회 정보, 세계 랭킹, 공식 기록, 점수 계산기 등이 제공됩니다.

• http://www.iam-memory.org
국제기억력연맹(IAM) 공식 사이트

• http://iam-stats.org

국제기억력연맹(IAM) 공식 통계 사이트. 세계 각지의 IAM 공식 대회 일정, 대회 정보, 세계 랭킹, 공식 기록, 점수 계산기 등이 제공됩니다.

• http://www.kmsa.kr

사단법인 기억력스포츠협회 공식 홈페이지

◆ 기억력스포츠 해외 사이트

• http://artofmemory.com

기억력스포츠 관련 온라인 포럼과 백과사전(Wiki) 등을 제공합니다. 특히 온라인 포럼은 저자도 자주 방문하는 곳으로서 많은 정보와 팁을 얻을 수 있습니다.

• https://memoryleague.com

온라인 훈련을 제공할 뿐만 아니라 독자적으로 대회도 개최하는 단체인 메모리리그 공식 사이트. 유료지만 재미있게 놀면서 훈련하기에 좋습니다.(3개월 10$, 1년 25$)

• http://memory-sports.com

기억력스포츠 관련 뉴스와 영상, 주요 선수 소개 및 인터뷰, 종목별 기억 테크닉 등이 제공됩니다.

• http://www.memoriad.com

Memoriad World Mental Olympics을 개최하는 단체인 Memoriad(MWMSF)의 공식 사이트. 훈련 프로그램 Memoriad Simulator를 다운로드 받을 수 있습니다.

• https://memocamp.com

기억력스포츠 관련 자료와 영상, 온라인 훈련, 본인 기록 관리 등이 제공됩니다.

뇌의 한계에
도전하라

대한민국의 평범한 직장인으로서 퇴근 후 시간을 쪼개 자격증 시험 준비를 하던 중, 어떻게 하면 효율적으로 시간을 활용하여 공부할 수 있을까 고민하다 우연히 스승님을 만나게 되었고, 그분을 통해 기억력스포츠의 세계로 뛰어들게 되었습니다. 이때가 작년 5월이니 기억력스포츠에 입문한 지 채 1년도 되지 않아 책까지 쓰게 된 것이 지요.

제가 기억력스포츠에 입문한 이후로 기억력스포츠계에는 많은 변화가 있었습니다. 작년 6월에는 새로운 국제기구인 국제기억력연맹IAM이 출범했고, 7월에는 우리나라에서 사단법인 한국기억력스포츠협회가 설립되었습니다. 스승님이 이끄는 기억력스포츠 동호회는 제가 가입한 이후로 회원 수가 일곱 배 이상 증가하였고, 기억력스포츠 선수들(정계원, 조신영 선수 등)이 출연한 기억법 관련 TV 프로그램도 수차례 방영이 되었습니다. 또한 올해 2월에 서울에서 개최된 국제기억력대회와 8월 전국대회를 시작으로 국내에서도 본격적으로 기억력스포츠 행사가 열릴 예정입니다.

아직 우리나라의 기억력스포츠는 초창기 단계이고, 기억력스포츠 인구도 많지 않습니다. 하지만 우리나라 특유의 높은 교육열과 그에 따른 학습법·기억법에 대한 높은 관심으로 보건대, 공부에 직접적인 도움을 줄 수 있는 기억력스포츠의 전망은 대단히 밝다고 생각합니다. 그럼에도 학습을 위한 기억법 서적은 많지만, 스포츠를 위한 기억법 책은 아직 한 권도 출간되지 않아서 일반인이 기억력스포츠에 접근하기 쉽도록 관련 책이 있다면 얼마나 좋을까라는 생각을 가지게 되었습니다.

그러던 와중에 스승님으로부터 동호회원들을 대상으로 훈련 모임을 진행해보라는 부탁을 받고, 작년 9월부터 훈련을 진행하면서 책에 대한 갈증이 더욱 커졌습니다. 즉, 동호회원조차 기본적인 규칙과 경기 전략에 대해 잘 모르는데, 일반인들은 오죽할까라는 생각이 들어 집필을 결심하게 된 것입니다.

처음에는 단순하게 기억력스포츠에 관심이 있는 사람들을 대상으로 10개 종목의 규칙과 전략을 매뉴얼 형식으로 만들어 배포할 생각이었으나 자료를 정리하다 보니 욕심이 생겨 제대로 만들어보고 싶은 생각에 이렇게 정식으로 책을 출판하게 되었습니다.

서점에 가보면 기억법 관련 도서는 무수히 많습니다. 책에 적힌 대로만 하면 분명히 기억력의 고수가 될 것 같습니다. 하지만 실제로 기억력이 향상된 사람은 매우 드뭅니다. 왜 그럴까요? 수많은 기억법 서적이 모두 엉터리라서 그런 것은 아닐 것입니다. 그것은 책에서 하라는 대로 하지 않아서 그렇습니다. 그러면 왜 책이 시키는 대로 하지 않을까요? 저는 재미가 없어서 그렇다고 생각합니다.

기억법은 학습과 매우 밀접한 관련이 있습니다. 기억법을 공부하는 사람들의 거의 대부분이 학습에 도움이 되기 위해 공부합니다. 저 역시 자격증 공부에 도움이 될까 해서 기억법 책을 샀습니다.

그래서 기억법을 익히는 것은 공부하는 것과 다름없습니다. 공부가 힘들어서 공부를 쉽게 하려고, 다시 말해 요령을 피우려고 기억법 책을 펼쳤는데, 요령을 제대로 피우기 위해 다시 기억법을 공부해야 하는, 돌고 도는 상황이 된 것입니다. 따라서 많은 사람들이 기억법을 익히려고 시도하지만 대부분이 중도에 포기를 하고 마는 것입니다.

하지만 기억력스포츠(스포츠기억법)는 기억법을 공부가 아니라 게임(스포츠)으로 접근합니다. 즉, 기억법을 재미있게 익힐 수 있습니다. 재미가 있기 때문에 기억법을 즐길 수 있습니다. 학습을 위한 기억법을 공부하는 것이 아니라, 게임(기억력스포츠)을 잘하기 위한 아이템(기억법)을 장착하는 것이므로 중도에 포기하지 않고 재미있게 기억법을 익힐 수 있습니다. 그리고 스포츠기억법을 잘하는 사람은 학습기억법도 자연히 잘하게 됩니다.

여러분도 기억법을 공부한다는 생각은 버리시고, 기억력스포츠의 재미를 느껴보시기 바랍니다. 재미있게 스포츠를 즐기다 보면 기억력과 창의력은 덤으로 따라오게 되며, 학습기억법도 쉽게 습득할 수 있습니다. 기억력을 체력에 비유한다면, 학습기억법은 달리기를 통해 체력을 향상시키는 방법이고, 기억력스포츠는 축구나 농구를 통해 체력을 향상시키는 방법입니다. 여러분은 어느 방법을 통해 체력을 기르고 싶으신가요?

사실 기억력스포츠 활동 경력만을 놓고 보면 저는 기억력스포츠 분야의 전문가라고 할 수 없습니다. 따라서 글을 쓸 때 전문가의 시각이 아닌 초보자의 시각에서 집필했습니다. 하지만 초보자가 알고 싶어 하는 것은 전문 서적보다 더 깊이 파고 들어갔습니다. 아마 이 책보다 10개 종목의 전략과 기억시스템 그리고 마인드 팰리스에 대해 자세하게 설명한 책은 국내는 물론이고, 세계적으로도 거의 없을 것이라고 생각합니다.

책을 집필하는 데 많은 분들이 응원해주시고 도움을 주셨습니다. 먼저 아낌없는 가르침을 주신 권순문 스승님께 머리 숙여 감사드립니다. 그 분의 가르침과 조언이 없었다면 이 책은 나오지 못했을 것입니다. 기억력스포츠 선수 동료들께도 감사드립니다. 조주상, 고혜정, 안재식, 조신영, 김경환 등 동료 선수들과 같이 훈련하고 대회에 참가하면서 얻은 노하우와 경험들이 모두 이 책에 녹아 있습니다. 특히 이 책에 게재된 사진의 상당수를 제공한 안재식 선수에게 감사하다는 말을 전합니다.

그 누구보다 아내에게 고맙고 미안합니다. 책을 쓰는 동안 아들 주원을 출산했는데, 나름대로 노력한다고는 했지만, 돌이켜보면 제대로 곁을 지켜주지 못했습니다. 아무리 같이 있다고 한들 노트북을 들고 딴 짓을 하고 있는 남편이 무슨 도움이 되었을까요? 하지만 너

그렇게 이해하고 오히려 응원하고 격려해준 사랑하는 아내에게 다시 한 번 감사합니다.

책을 쓰면서 염두에 두었던 목표는 단 하나였습니다. 그것은 완성된 책을 동료에게 보여주었을 때 "내가 기억력스포츠를 시작할 때 이런 책이 있었다면 얼마나 좋았을까?"라는 말을 듣는 것입니다. 전문가가 자신의 방대한 지식을 풀어놓은 책이 아니라, 초보자가 지금 궁금한 사항과 앞으로 궁금해할 사항을 해소해주고, 당장 필요하고 해야 할 일을 알려주며, 바로 활용할 수 있는 지식들로 가득 찬, 마치 강화된 마인드 팰리스처럼 살아서 움직이는 글로 가득한 책을 내고 싶었습니다.

이 책을 읽은 모든 분들에게 책의 내용이 강화된 이미지처럼 생명력을 가지고 다가갈 수 있기를 바랍니다.

끝으로 이 책을 기억력스포츠 시니어 선수로 활동하고 계시는 아버지께 바칩니다.

기억력스포츠 완전 정복

© 김대인, 2017

초판 1쇄 발행 2017년 11월 20일
초판 2쇄 발행 2019년 01월 16일

지은이 김대인
펴낸이 이경희

발행 글로세움
출판등록 제318-2003-00064호(2003.7.2)

주소 서울시 구로구 경인로 445(고척동)
전화 02-323-3694
팩스 070-8620-0740
메일 editor@gloseum.com
홈페이지 www.gloseum.com

ISBN 979-11-86578-45-2 03180